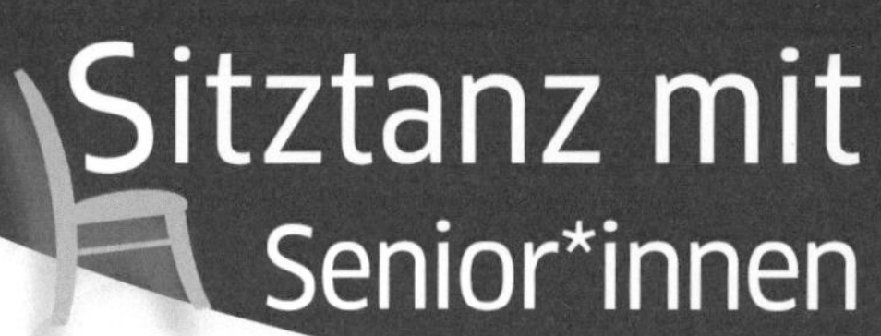

Ralf Glück

Wir tanzen durch die Jugendzeit!

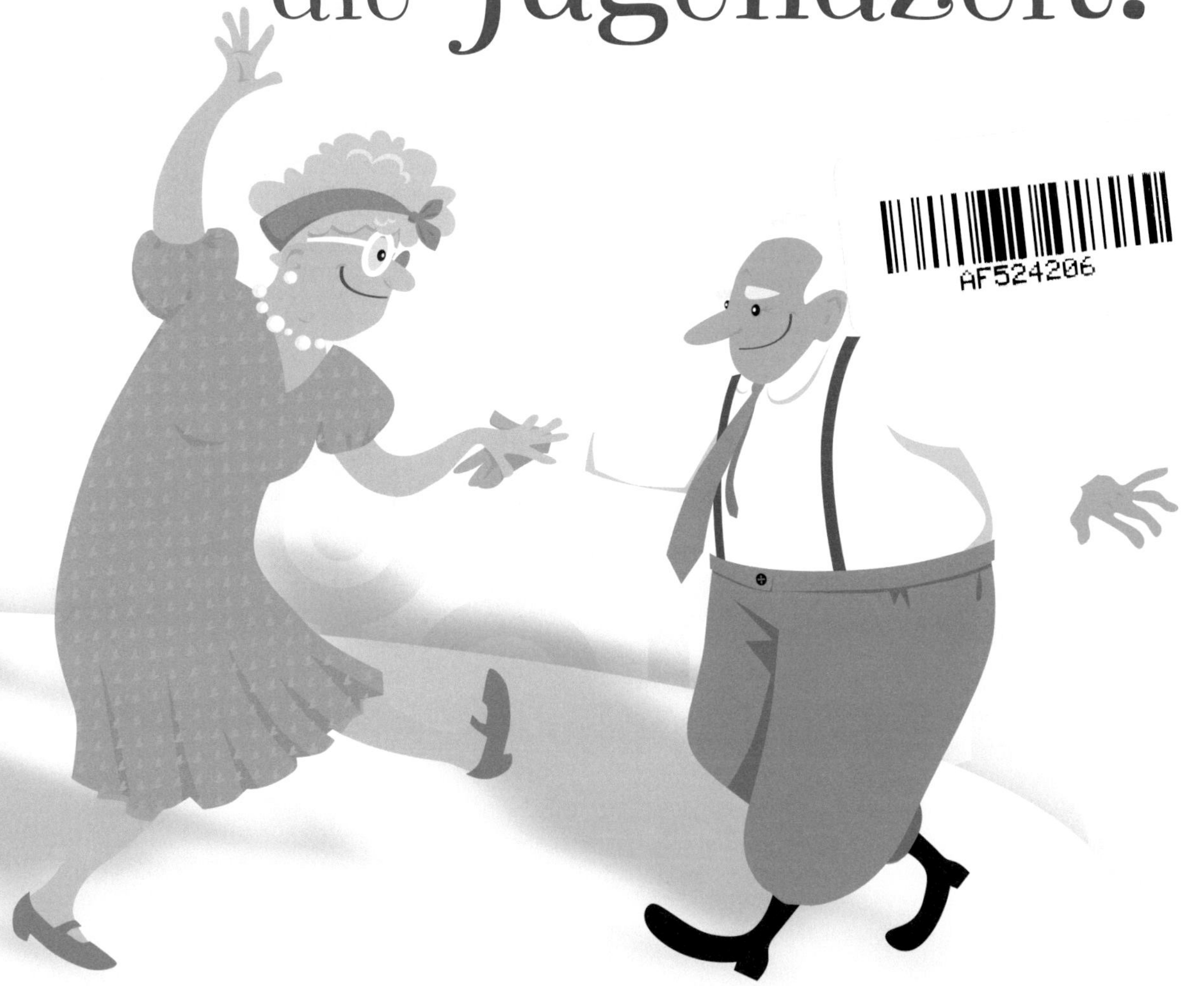

AF524206

Fetzige Bewegungslieder zum Mitmachen

Verlag an der Ruhr

Impressum

Titel
Sitztanz mit Senior*innen
Wir tanzen durch die Jugendzeit!
Fetzige Bewegungslieder zum Mitmachen

Autor
Ralf Glück

Lektorat
Corina Altmann

Umschlagmotive
Kreise/Muster: © Jan Engel – stock.adobe.com, Senior und Seniorin: © aleutie – stock.adobe.com, CD: © James Blacklock – stock.adobe.com

Illustrationen im Innenteil
Kreise/Muster: © Jan Engel – stock.adobe.com, Muskelmann: © SergeyBitos – Shutterstock.com

Druck
Heenemann GmbH & Co. KG, Berlin, DE

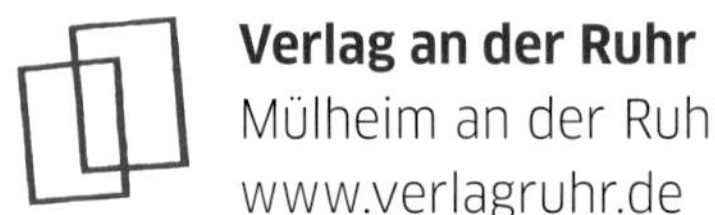
Verlag an der Ruhr
Mülheim an der Ruhr
www.verlagruhr.de

Urheberrechtlicher Hinweis:
Das Werk und seine Teile sind urheberrechtlich geschützt. Jede Verwendung in anderen als den gesetzlich zugelassenen Fällen bedarf der vorherigen schriftlichen Einwilligung des Verlages. Im Werk vorhandene Kopiervorlagen dürfen vervielfältigt werden, allerdings nur für den eigenen Gebrauch in der jeweils benötigten Anzahl. Die dazu notwendigen Informationen (Buchtitel, Verlag und Autor) haben wir für Sie als Service bereits mit eingedruckt. Diese Angaben dürfen weder verändert noch entfernt werden.
Der Verlag untersagt ausdrücklich das digitale Speichern und Zurverfügungstellen dieser Materialien in Netzwerken (das gilt auch für Intranets von Pflege- und Altersheimen sowie Bildungseinrichtungen), per E-Mail, Internet oder sonstigen elektronischen Medien außerhalb der gesetzlichen Grenzen. Kein Verleih. Keine Vermietung, Aufführung, Sendung außerhalb der Einrichtung/von Privaträumen. Zuwiderhandlungen werden zivil- und strafrechtlich verfolgt.

Wichtiger Hinweis:
Die Inhalte im Heft sind vom Autor mit großer Sorgfalt erarbeitet und ausgewählt worden, stellen jedoch keine therapeutischen Maßnahmen dar. Nehmen Sie dennoch eine genaue Prüfung entsprechend Ihrer Situation vor und wägen verantwortungsvoll ab, welche Übungen Sie mit welchen Personen durchführen. Wenn Unsicherheiten oder bereits bestehende Erkrankungen/Allergien vorliegen, klären Sie die Anwendung mit der Pflegedienstleitung oder dem behandelnden Arzt bzw. der behandelnden Ärztin ab.
Der Autor und der Verlag übernehmen weder für die Aktualität, Korrektheit und Vollständigkeit der bereitgestellten Inhalte eine Gewähr noch dafür, dass diese für Ihren individuellen Einzelfall geeignet und ausreichend sind. Alle Inhalte dienen ausschließlich der Information, ebenso wie deren Durchführung ausschließlich in eigener Verantwortung des Anwenders bzw. der Anwenderin erfolgt.

© Verlag an der Ruhr 2021
ISBN 978-3-8346-4145-8

Inhaltsverzeichnis

Vorwort 4

Einführung durch den Sportwissenschaftler Jürgen Besser 5

ZUM INHALT **6**

Sportwissenschaftliche Grundlagen 6
Wer kann die Bewegungslieder anleiten? 7
Wie viele Senior*innen können teilnehmen? 7
Ziele und Hinweise zur Methodik 7

ALLGEMEINE EINSATZMÖGLICHKEITEN **8**

Wie wird die Bewegungsmusik eingesetzt? 8
Hinweise zum Einsatz der Lieder bei Menschen mit Demenz 8
Die Glücksgeschichte 8
Gesprächsanregungen zu den Liedern 9

DIE BEWEGUNGSLIEDER **11**

01. Schulhaus-Rock 12
02. Kreidenquietsch-Blues 17
03. Die Turnstunde 22
04. Pausenspiele 27
05. Seifenkisten-Rennen 31
06. Mit meiner roten Vespa 35
07. Fußball-Zeit 39
08. Hüftcalypso in der Tanzstunde 44
09. Disco-Beat 48
10. Omas Fingertango 52
11. Die Hände nach oben 56
12. Ich umarm die Welt 60

Über den Autor 64

Vorwort

Bewegung ist die elementare Voraussetzung für die Gesundheit von Menschen jeder Altersgruppe. Die Multimorbidität (gleichzeitiges Bestehen mehrerer Krankheiten) im hohen Alter – oft verbunden mit Schmerzen – schränkt die Bewegungsfreude der Betroffenen jedoch stark ein. Die Frage **„Wie motiviere ich meine Zielgruppe zur Bewegung?"** stellt eine tägliche Herausforderung für das Betreuungspersonal in Alten- und Pflegeeinrichtungen, ambulanten Diensten und für betroffene Angehörige dar.

Unsere **Musik, verbunden mit Sitztanz, Sitzgymnastik und Sitzsportübungen, weckt Freude und motiviert die Senior*innen[1] zum Mitmachen**. Durch meine langjährige Arbeit als Lebens- und Sozialberater, Sturzmentor und Musiker in einem Altenheim kann ich die positive und belebende Wirkung von Musik nur bestätigen.

Die **Zielgruppen sind Menschen mit Demenz, Behinderung und hochaltrige Senior*innen**. Unsere Musik kann auch im Kindergarten und zur intergenerationellen Arbeit oder Begegnung eingesetzt werden.

„Wir tanzen durch die Jugendzeit!" enthält **eine Audio-CD mit zwölf Bewegungsliedern und dieses Heft mit Liedtexten, Bewegungsanleitungen und Noten zu jedem Lied**. Die Lieder orientieren sich an der Biografie der überwiegend zwischen 1930 und 1960 geborenen heutigen Senior*innen. Da die Bewegungsanleitungen direkt neben den Liedtexten stehen, sind die Bewegungslieder für **Lai*innen und Fachpersonal** gleichermaßen unkompliziert ein- und umsetzbar. Ergänzend finden Sie den Liedtext in Großdruck und die Noten mit Akkordbezifferung. Damit Sie schnell und einfach erkennen können, welche Bewegungslieder sich besonders für Ihre Zielgruppe eignen, gibt es zu jedem Lied eine Wirkungsskala, die Ihnen anzeigt, welche Bereiche besonders gefördert werden. Die Wirkungsskala berücksichtigt die **Bereiche „Mobilisation", „Koordination", „Kräftigung", „Ausdauer" und „Sturzprophylaxe"** – so haben Sie auch das Fachliche immer im Blick.

Die *Glücks Bewegungsmusik* wurde 2019 für den „Bayerischen Gesundheits- und Pflegepreis" nominiert. 2017 und 2018 wurden mein Team und ich von einer Jury der „Altenpflegemesse – Die Leitmesse" als „Best Practice"-Beispiel in die Sonderausstellung „Aveneo" gewählt. 2005 erhielten wir vom Bundesministerium für Soziales und Gesundheit eine Auszeichnung für die Teilnahme am Präventionspreis. Die enge Kooperation mit meinem Kollegen Stefan Wels, Dipl.-Fachsportlehrer für Senior*innen, machte die Erfindung der *Glücks Bewegungsmusik* erst möglich. Ein herzlicher Dank geht daher an Stefan, der sich meinen Fragen immer offen, kreativ und ideenreich gestellt hat. Wie kein Zweiter kann er komplexe sportfachliche Inhalte für Lai*innen verständlich machen, sodass alle unsere Bewegungsmusik nutzen und einsetzen können.

Wir wünschen Ihnen viel Spaß beim Musikhören und Bewegen.

Ralf Glück & Team

[1] Der Verlag an der Ruhr legt großen Wert auf eine geschlechtergerechte und inklusive Sprache. Daher nutzen wir bevorzugt das Gendersternchen, um sowohl männliche und weibliche als auch nichtbinäre Geschlechtsidentitäten einzuschließen. Alternativ verwenden wir neutrale Formulierungen. Innerhalb der Lieder und Liedtexte verzichten wir dennoch auf das Gendern. Dies ist eine Einzelfallentscheidung aus didaktischen Gründen und ist in keinem Fall ausschließend oder diskriminierend zu verstehen.

Einführung durch den Sportwissenschaftler Jürgen Besser

Die Fähigkeit zur körperlichen Bewegung ist – vom Säugling angefangen bis ins hohe Alter – ein entscheidender Faktor für Entwicklung, Selbstständigkeit, Autonomie und Selbstbestimmung.

Es geht dabei nicht um Rekorde und Höchstleistungen, sondern darum, seine Muskeln und Gelenke zu benutzen, den Kreislauf anzuregen und die Atmung und den Stoffwechsel zu aktivieren. Als Lohn für Bewegung schüttet der Körper Hormone und Botenstoffe aus, die Stress reduzieren, die Stimmung heben und am Ende auch die Leistungsfähigkeit verbessern. Sie werden dieses gute Gefühl kennen.

Musizieren zu können, Rhythmen zu erkennen und vor allem gemeinsam mit anderen einzuhalten, sind einzigartige Fähigkeiten des Menschen. Im Gleichklang zu musizieren oder sich im Gleichtakt zu bewegen, verbindet den*die Einzelne*n als soziales Wesen mit anderen und stiftet Gemeinsamkeit.

Lieder bestehen aus einer Melodie, eingebunden in einem Takt mit einem bestimmten Tempo. Der Aufbau von Liedern strukturiert sich in der Regel durch Strophen und Refrain mit häufig drei Wiederholungen. Sie bilden damit einen idealen Rahmen für wirksame sportmotorische Übungen, bei denen es ebenfalls auf Dauer, Rhythmus, Geschwindigkeit und Wiederholungen ankommt.

Die Bewegungsmusik von Ralf Glück kombiniert diese Aspekte ideal. Seine Lieder sind abgestimmt auf das Tempo und den Rhythmus älterer Menschen, die einzelnen Bewegungen haben konkrete funktionale Ziele, Wiederholungen und eine passend zugeschnittene Dauer und beachten die trainingswissenschaftlichen Grundsätze.

Im vorliegenden Band „Wir tanzen durch die Jugendzeit!“ wird die gewohnt gute Struktur ergänzt durch eine sehr gelungene thematische Auswahl mit starkem biografischen Bezug, mit dessen Hilfe gezielt positive Erinnerungen wachgerufen und Bewegungserfahrungen aus früheren Lebensphasen reaktiviert werden sollen.

Ralf Glück greift damit das Beste aus verschiedenen Ansätzen auf und kombiniert es zu einem schlüssigen Konzept. Ich wünsche allen, Lai*innen wie Fachleuten im ehrenamtlichen oder beruflichen Umfeld und natürlich allen Teilnehmer*innen, viel Freude mit dieser Liedsammlung.

Jürgen Besser

Zum Inhalt

SPORTWISSENSCHAFTLICHE GRUNDLAGEN

Alle Bewegungslieder basieren auf den sportwissenschaftlichen Grundlagen. Diese Grundlagen werden mithilfe des folgenden Merkbildes „**Mokka-Tasse**“[2] verdeutlicht:

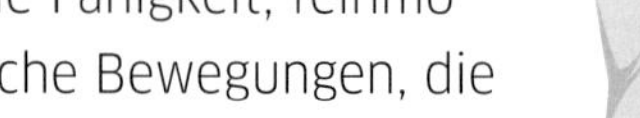

MObilisation
Mobilität beinhaltet die Flexibilität der Muskulatur sowie das Bewegungsausmaß eines Gelenks.

Koordination
ist die Fähigkeit, feinmotorische Bewegungen, die ein schnelles und zielgerichtetes Handeln erfordern, harmonisch und präzise durchzuführen.

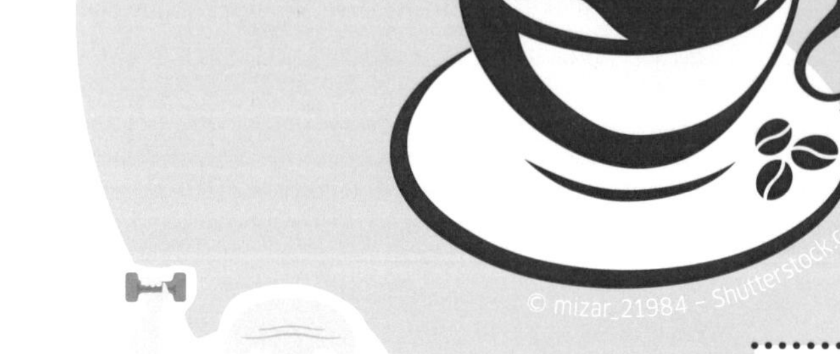

© mizar_21984 – Shutterstock.com

Kräftigung
ist die Fähigkeit, gezielt verschiedene Muskelgruppen aufzubauen.

Ausdauer
ist die Widerstandsfähigkeit des Organismus gegen das Ermüden und/ oder die schnelle Regenerationsfähigkeit nach einer Belastung, insbesondere einer sportlichen Betätigung.

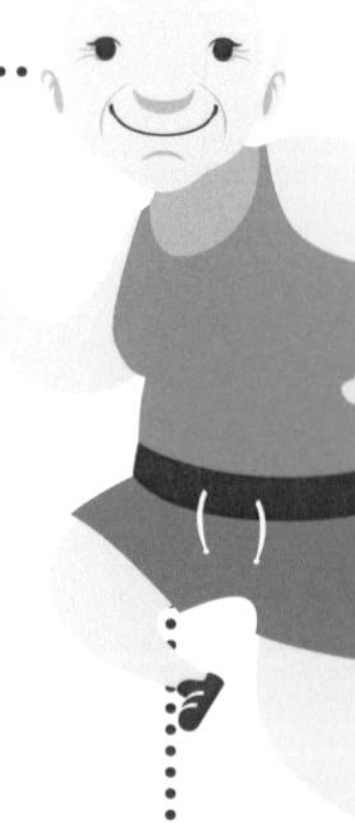

Senioren und Seniorinnen: © NotionPic – Shutterstock.com

Hinweis:
Vor jedem Bewegungslied finden Sie eine Übersichtstabelle mit diesen sportwissenschaftlichen Begriffen (Wirkungsskala). Dort werden mithilfe einer Punkteskala die Intensität und die Wirkungsweise auf die einzelnen Muskelgruppen angegeben. Für Sie bietet diese Tabelle eine optimale Orientierungsgrundlage über die einzelnen Übungen.

[2] Vgl. Jana und Ralf Glück: „Musik, Bewegung und Sinnesarbeit. Medienpaket zur Kurzaktivierung in der Seniorenbetreuung“, Ausgabe 16, OLZOG Verlag: München 10/2011, S. 20-21.

Zum Inhalt

WER KANN DIE BEWEGUNGSLIEDER ANLEITEN?

Die Bewegungslieder können sowohl von Fachkräften als auch von Lai*innen angeleitet werden, z. B. von:

- Altenpfleger*innen und Altenpflegehelfer*innen
- Altentherapeut*innen
- Ergo- und Physiotherapeut*innen
- zusätzlichen Betreuungskräften nach § 53c SGB XI
- ehrenamtlichen Betreuungskräften und Entlastungsdiensten für Angehörige
- Angehörigen
- Gedächtnistrainer*innen
- Lehrkräften in Berufsfachschulen der Alten- und Behindertenhilfe

WIE VIELE SENIOR*INNEN KÖNNEN TEILNEHMEN?

Die Bewegungslieder können **sowohl in der Gruppe als auch in der Einzelbetreuung** eingesetzt werden. Je nach Einschränkungen kann eine Gruppe aus **10–15 Teilnehmer*innen** bestehen. Je kleiner die Gruppe ist, desto besser können Sie auf den*die Einzelne*n eingehen. Sie können die Bewegungsmusik mit Bewegungsunterstützung auch bei **bettlägerigen Menschen in der Einzelbetreuung** einsetzen.

ZIELE UND HINWEISE ZUR METHODIK

Methodik

Es empfiehlt sich die **Durchführung im Sitzkreis**. Mit fitten Senior*innen können die Übungen **auch im Stehen** durchgeführt werden. Achten Sie dabei auf geeignete Hilfestellungen in der Nähe, wie z. B. einen Stuhl oder Handlauf. Alle Senior*innen sollten **genügend Bewegungsfreiheit** haben. Setzen oder stellen Sie sich so hin, dass Sie von allen gut gesehen werden können.

Ziele

Die Bewegungslieder ...

- stärken das Selbstwertgefühl,
- fördern die soziale Gemeinschaft und die Kommunikationsfreude,
- steigern die Lebensqualität,
- fördern die Eigenkompetenzen,
- vermitteln die Freude an Bewegung (alle machen mit, wie sie können).

Die Bewegungsmusik dient als Bewegungsmotor, nimmt Alltagssituationen thematisch auf und berücksichtigt die Biografie der Menschen.

Aus sportwissenschaftlicher Sicht fördern Sie mit den Bewegungsliedern die Mobilität, die Koordinations- und die Ausdauerfähigkeit der Senior*innen. Außerdem wird die Muskulatur gestärkt. **Aus pflegerischer Sicht** docken Sie an den Expertenstandards „Sturzprophylaxe in der Pflege“, „Dekubitusprophylaxe in der Pflege“, „Erhaltung und Förderung der Mobilität“ und „Beziehungsgestaltung in der Pflege von Menschen mit Demenz“ an und unterstützen zusätzlich die Bereiche der Pneumonie- und Kontrakturprophylaxe.

Allgemeine Einsatzmöglichkeiten

WIE WIRD DIE BEWEGUNGSMUSIK EINGESETZT?

Bevor die Bewegungsmusik bei den Senior*innen zum Einsatz kommt, **sollten Sie sich die Bewegungsanleitungen allein und in Ruhe ansehen und die Bewegungen einüben**. Laden Sie die Senior*innen anschließend zu einer Singstunde oder einem Gedächtnistraining ein und eröffnen Sie die Runde mit: „Heute habe ich etwas ganz Besonderes für Sie vorbereitet!"
Um die Senior*innen nicht zu überfordern, suchen Sie **beim ersten Einsatz nur ein Lied** heraus, zu dem Sie sich gemeinsam bewegen. Nach und nach können Sie die **Liedauswahl erweitern**, sodass ganze Bewegungseinheiten durchgeführt werden können. Oder Sie sprechen zwei bis drei Senior*innen an, von denen Sie wissen, dass sie offen für Neues sind. Testen Sie in der Kleingruppe den Ablauf und nutzen Sie die Begeisterung der Senior*innen für die Motivation der anderen.
Die Bewegungsmusik kann als **komplette Bewegungseinheit** (ca. 45–60 Minuten mit Gesprächspausen zwischen den Übungen) gestaltet werden. Einzelne Bewegungslieder können wunderbar als **Anfangs- oder Abschlussritual** verwendet werden. Das gibt Sicherheit und stärkt das Selbstwertgefühl. Natürlich können Sie sich aus den zwölf Liedern auch eine **Kurzaktivierung mit Ihren Lieblingsliedern** zusammenstellen.

Je nach Zielgruppe können Sie die Bewegungen erst einmal ohne Musik üben oder auch gleich mit Musik durchführen. In der Regel werden die Bewegungsabläufe innerhalb der Lieder mit Bildern verbunden (Vespa-Fahren, Fußballspielen, Discotanz ...) und mehrmals wiederholt. So haben Menschen mit Demenz die Chance, durch Erinnerung, Beobachtung und Nachahmung mit einzusteigen.

HINWEISE ZUM EINSATZ DER LIEDER BEI MENSCHEN MIT DEMENZ

In der Regel kann die Bewegungsmusik ohne Bedenken bei Menschen mit Demenz eingesetzt werden. Da der gesamte Pflegeprozess von der Pflegefachkraft gesteuert und geplant wird, empfiehlt sich die **Abstimmung im multiprofessionellen Team** (Arzt bzw. Ärztin, Pflegefachkraft, soziale Betreuungskraft, Angehörige*r).

DIE GLÜCKSGESCHICHTE

Die folgende Geschichte kann für Sie und die Senior*innen ein Gesprächseinstieg sein, der Sie gemeinsam durch eine heitere Bewegungsrunde führt:

Wir tanzen durch die Jugendzeit

Das Schulhaus rockt! Mit Petticoat und knatternder Vespa macht man in den 1950ern provokant auf sich aufmerksam. Mit dem **„Schulhaus-Rock"** starten wir kraftvoll in das bewegte Schülerleben.

Nicht jede*r Schüler*in nimmt begeistert am manchmal zähen Unterricht teil. Wenn die Kreide quietscht, wachen sogar die trägsten Schüler*innen von selbst wieder auf und halten sich beim **„Kreidenquietsch-Blues"** die gequälten Ohren zu.

Allgemeine Einsatzmöglichkeiten

Disziplin ist oberstes Gebot. Der strenge Turnlehrer verlangt den Schüler*innen bei der **„Turnstunde“** einiges ab. In den heiß ersehnten Pausen toben wir uns bei den **„Pausenspielen“** so richtig aus.

Die Werkstunde ist für die Jungs immer das Highlight der Woche. Unser Werklehrer bastelt mit uns richtige Seifenkisten, mit denen wir beim **„Seifenkisten-Rennen“** unser fahrerisches Geschick unter Beweis stellen können.

Die Halbstarken in der Schule haben tatsächlich schon ein Moped. Einige besonders coole Jungs besitzen sogar eine Vespa. Das imponiert den Mädchen so richtig! Sie stehen Schlange, um wenigstens einmal **„Mit meiner roten Vespa“** und mir, eng umschlungen, um den Block fahren zu dürfen.

Beim Thema Fußball sind unsere Mädchen gar nicht gefragt. Wir Jungs hingegen genießen die samstägliche **„Fußball-Zeit“**. In der Tanzstunde punkten allerdings die Mädchen. Kess schwingen sie beim **„Hüftcalypso in der Tanzstunde“** ihre verführerischen Hüften und verdrehen so manchem Jungen den Kopf. In den 1970er-Jahren verabredet man sich zum **„Disco-Beat“** im örtlichen Tanzclub. Auch unsere Oma fährt voll auf das Tanzen ab. Leider fällt ihr das schon etwas schwerer. Ihre Tanz-Erfindung, die sie **„Omas Fingertango“** nennt, tanze sogar ich gerne mit.
Irgendwann ist für uns alle die Schulzeit zu Ende. Die Krönung ist die Abschlussfahrt, die uns an den Gardasee bringt. Beim Lied **„Die Hände nach oben“** macht jede*r ausgelassen mit. Ihr werdet es nicht glauben, aber genau bei dieser Abschlussfahrt ist Kathi, mein Schwarm, mit dabei. **„Ich umarm die Welt“**, weil ich das erste Mal verliebt bin.

GESPRÄCHSANREGUNGEN ZU DEN LIEDERN

Bei der Durchführung einer Bewegungsrunde, bei der Sie mehrere Lieder hintereinander einsetzen möchten, sollten Sie kleine Pausen zwischen den Liedern einplanen. Diese können Sie gut für ein paar Gesprächsanregungen zwischendurch nutzen. Hier erhalten Sie einige Frageimpulse zu den einzelnen Liedern:

01. Schulhaus-Rock

- Welche Rock-´n´-Roll-Sänger*innen kennen Sie?
- Durften Sie Rock-´n´-Roll-Musik hören oder war das bei Ihren Eltern verpönt?
- Nennen Sie einige Musiktitel. („Rock Around the Clock“, „Tutti Frutti“, „Jailhouse Rock“ ...)

02. Kreidenquietsch-Blues

- Haben Sie noch die Sütterlin-Schrift gelernt?
- Welche Strafen gab es bei Ihnen in der Schule?
- Was war Ihr Lieblingsfach bzw. welches Fach mochten Sie gar nicht?

03. Die Turnstunde

- Was war in der Schule Ihre Lieblingssportart?
- Was ist ein Hampelmann? (eine sportliche Übung)
- Was ist der Musculus gluteus maximus? (der Gesäßmuskel)
- Welche Muskeln kennen Sie noch?

Allgemeine Einsatzmöglichkeiten

04. Pausenspiele
- Nennen Sie einige Tischspiele. (Mensch ärgere dich nicht, Halma, Schach ...)
- Nennen Sie einige Bewegungsspiele. (Fangen, Verstecken, Fußball ...)
- Hatten Sie in den Pausen ein Lieblingsspiel?

05. Seifenkisten-Rennen
- Hatten Sie mal eine Seifenkiste?
- Was benötigt man zum Bau einer Seifenkiste?
- Sind Sie mal ein Seifenkisten-Rennen gefahren?

06. Mit meiner roten Vespa
- Hatten Sie einmal ein Moped?
- Welche Moped-Marken kennen Sie? (Zündapp, Triumph, Kreidler, BMW ...)
- Sind Sie mit dem Moped in den Urlaub gefahren?

07. Fußball-Zeit
- Welche Fußballspieler*innen kennen Sie?
- Wie viele Fußballspieler*innen hat eine Mannschaft?
- Wann war Deutschland Fußballweltmeister? (1954 [„das Wunder von Bern“], 1974, 1990, 2014)

08. Hüftcalypso in der Tanzstunde
- Haben Sie Tanzunterricht gehabt?
- Erinnern Sie sich an eine*n Tanzpartner*in?
- Was ist Ihr Lieblingstanz?

09. Disco-Beat
- Wer ist Ilja Richter? (Schauspieler und Moderator der ZDF-Sendung „Disco“)
- Kennen Sie einige Sänger*innen der 1970er und 1980er? (Donna Summer, The Bee Gees, Boney M. ...)
- Waren Sie einmal in der Disco?

10. Omas Fingertango
- Woher kommt der Tango? (aus Argentinien)
- Haben Sie selbst Tango getanzt?
- Kennen Sie lustige Fingerübungen?

11. Die Hände nach oben
- Erinnern Sie sich an Ihre Abschlussfahrt? Wohin ging die Reise?
- Wohin würden Sie gerne reisen?
- Was war bisher Ihre tollste Reise?

12. Ich umarm die Welt
- Erinnern Sie sich an Ihren ersten Kuss?
- Was zieht Sie bei einem Mann bzw. einer Frau an?
- Welches besondere Geschenk haben Sie Ihrer Frau bzw. Ihrem Mann einmal gemacht?

Die Bewegungslieder

01. Schulhaus-Rock

Mobilisation	●●●●○
Koordination	●●●●●
Kräftigung	●●●○○
Ausdauer	●●●●○
Sturzprophylaxe Sitzen	●●●○○
Sturzprophylaxe Stehen	●●●●●

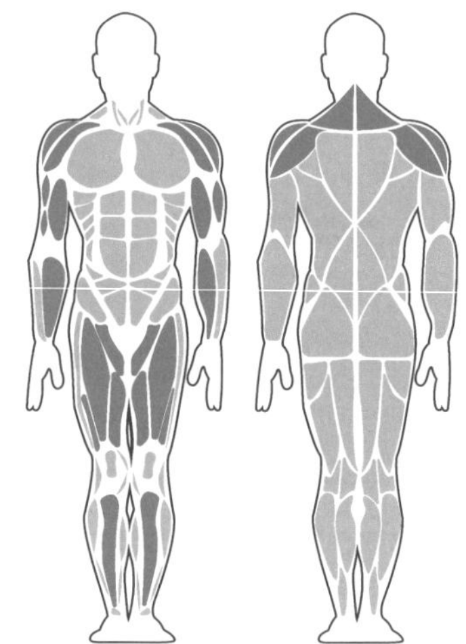

WIRKUNG

- Mobilisation des Rumpfes
- Kräftigung des Hüftbeugers

EINSTIEG

Wir erinnern uns an die wilde Rock-´n´-Roll-Zeit der 1950er und legen einen flotten Rock ´n´ Roll als **Sitztanz** aufs Tanzparkett. Dabei kicken wir mit den Beinen zum mitreißenden Takt der Musik.

DIE BEWEGUNGEN AUF EINEN BLICK

Liedtext	Bewegungen
„Zieht euch nur die flachen Schuhe an, weil man damit besser tanzen kann."[3] So sang'n Conny und der Peter Kraus. Gel im Haar, ganz cool, so sahn wir aus. Komm, tanz mit mir den Schulhaus-Rock.	Wir schnippen oder klatschen zur Musik, zum Takt.
Kick mit dem linken Fuß nach außen, kick mit dem linken Fuß nach außen und klatsch im Takt den heißen Beat. Kick mit dem rechten Fuß nach außen, kick mit dem rechten Fuß nach außen und klatsch im Takt den heißen Beat.	**Wir kicken mit dem linken Fuß wiederholend nach außen. Wir kicken mit dem rechten Fuß wiederholend nach außen.**
Petticoat und Pünktchenkleid warn in. Jungs, die hatten Mädchen nur im Sinn. Hörten Elvis, liebten Rock ´n´ Roll. Ja, Bill Haley fanden alle toll. Tanzt „Rock around the clock" tonight.	Wir schnippen oder klatschen zur Musik, zum Takt.
Refrain	**Durchführung wie beim 1. Refrain**

[3] in „Teenager Melodie", 1959, Text: Aldo von Pinelli/Peter Stroem © Musik-Edition Europaton/Peter Schaeffers

01. Schulhaus-Rock

Liedtext	Bewegungen
Vespafahren war der größte Hit. Jungs, die nahmen Girls am Sozius mit. In die Kurven ging es steil hinein, schmusten in der Ecke nie allein. Komm, tanz mit mir den Schulhaus-Rock.	Wir schnippen oder klatschen zur Musik, zum Takt.
Refrain	**Durchführung wie beim 1. Refrain**

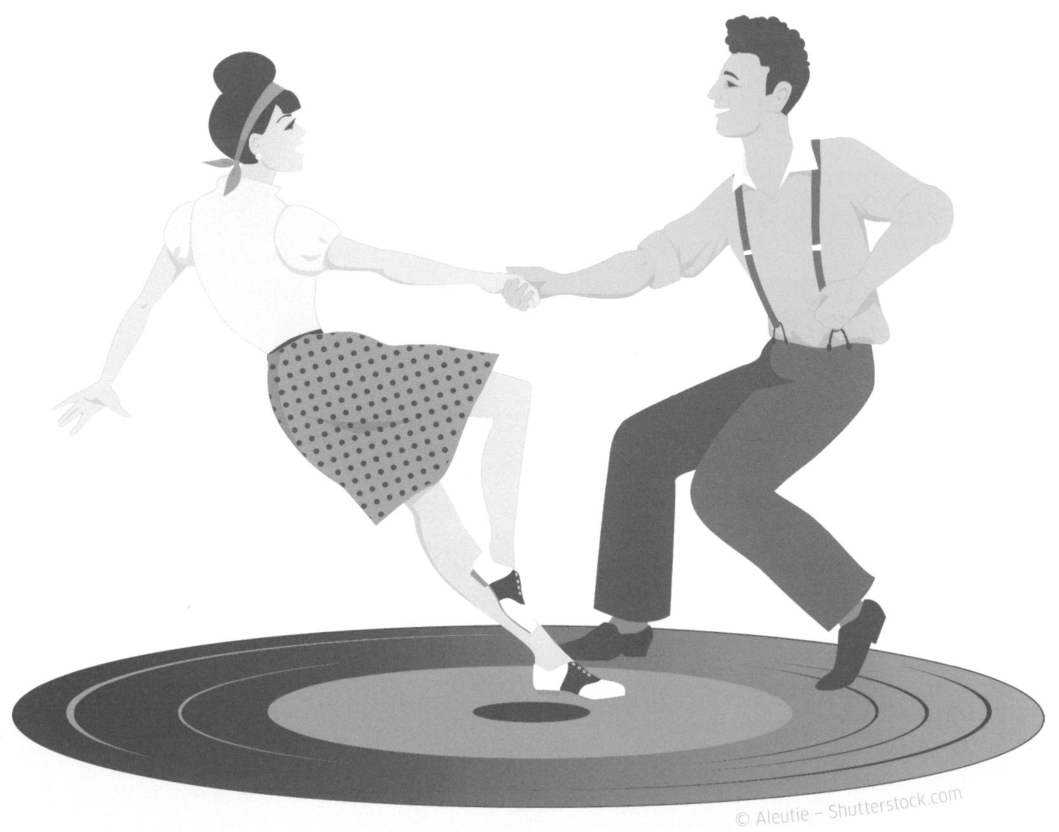

© Aleutie – Shutterstock.com

Schulhaus-Rock

Text, Musik und Gesang: Ralf Gabriel, **Chorgesang:** Carola Maria

Big Band: 200

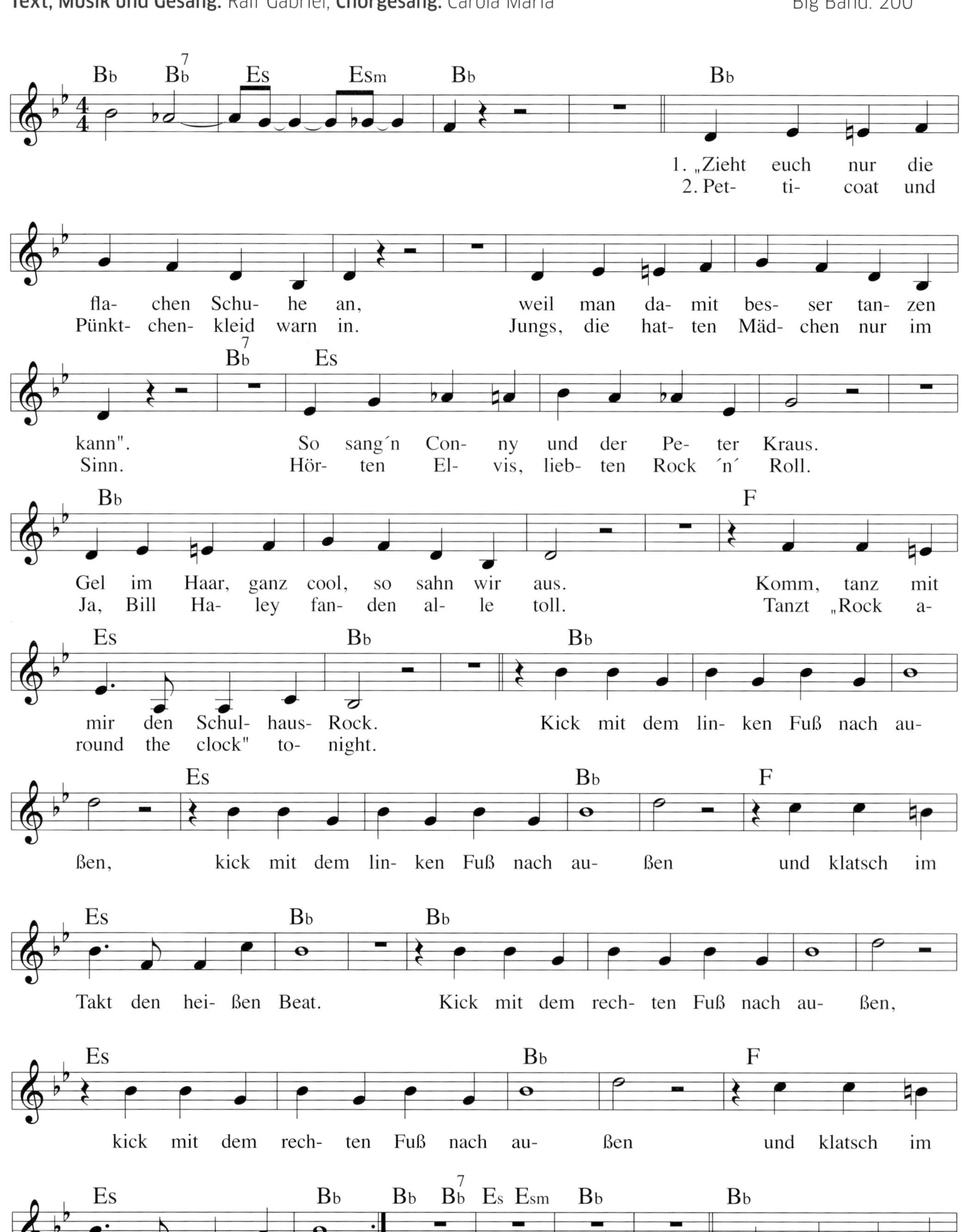

© Verlag an der Ruhr | Autor: Ralf Glück | www.verlagruhr.de
Kreis-Schmuck: © Jan Engel – stock.adobe.com

Schulhaus-Rock

Big Band: 200

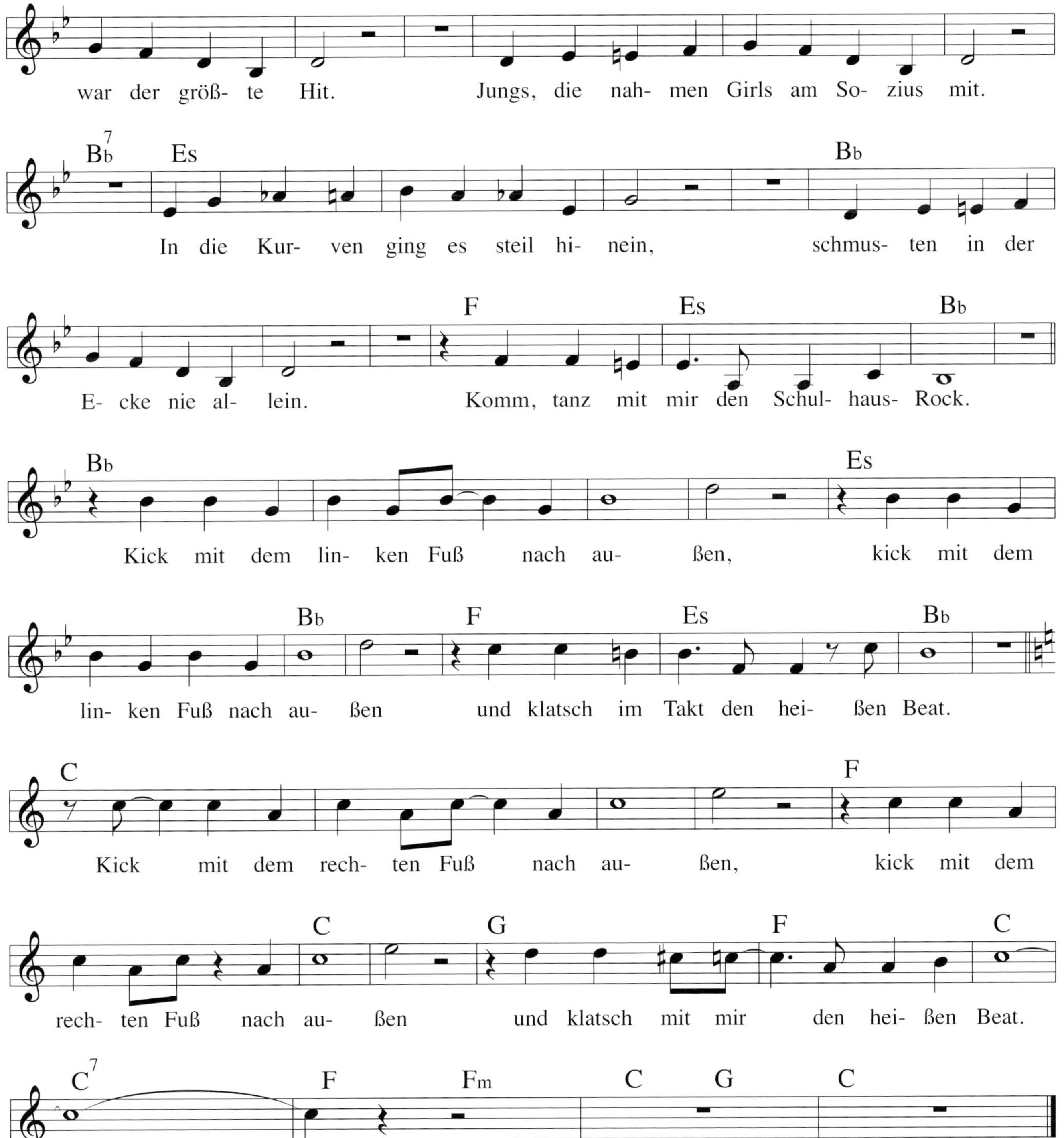

© Verlag an der Ruhr | Autor: Ralf Glück
Kreis-Schmuck: © Jan Engel – stock.adobe.com | www.verlagruhr.de

Liedtext zu „Schulhaus-Rock“

„Zieht euch nur die flachen Schuhe an,
weil man damit besser tanzen kann.“
So sang'n Conny und der Peter Kraus.
Gel im Haar, ganz cool, so sahn wir aus.
Komm, tanz mit mir den Schulhaus-Rock.

Kick mit dem linken Fuß nach außen,
kick mit dem linken Fuß nach außen
und klatsch im Takt den heißen Beat.
Kick mit dem rechten Fuß nach außen,
kick mit dem rechten Fuß nach außen
und klatsch im Takt den heißen Beat.

Petticoat und Pünktchenkleid warn in.
Jungs, die hatten Mädchen nur im Sinn.
Hörten Elvis, liebten Rock ´n´ Roll.
Ja, Bill Haley fanden alle toll.
Tanzt „Rock around the clock“ tonight.

Kick mit dem linken Fuß nach außen,
kick mit dem linken Fuß nach außen
und klatsch im Takt den heißen Beat.
Kick mit dem rechten Fuß nach außen,
kick mit dem rechten Fuß nach außen
und klatsch im Takt den heißen Beat.

Vespafahren war der größte Hit.
Jungs, die nahmen Girls am Sozius mit.
In die Kurven ging es steil hinein,
schmusten in der Ecke nie allein.
Komm, tanz mit mir den Schulhaus-Rock.

Kick mit dem linken Fuß nach außen,
kick mit dem linken Fuß nach außen
und klatsch im Takt den heißen Beat.
Kick mit dem rechten Fuß nach außen,
kick mit dem rechten Fuß nach außen
und klatsch im Takt den heißen Beat.

© Verlag an der Ruhr | Autor: Ralf Glück
Kreis-Schmuck: © Jan Engel – stock.adobe.com | www.verlagruhr.de

02. Kreidenquietsch-Blues

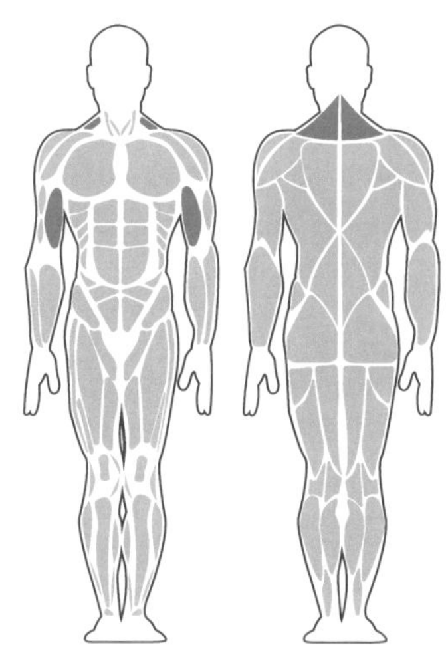

Mobilisation	●●○○○
Koordination	●●○○○
Kräftigung	●●●○○
Ausdauer	●○○○○
Sturzprophylaxe Sitzen	●●○○○
Sturzprophylaxe Stehen	●●●○○

WIRKUNG

- statische und dynamische Kräftigung der Halswirbelmuskulatur

EINSTIEG

Wieder einmal langweilt uns der Unterricht sehr. Doch wir ahnen Schreckliches und werden wie so oft vor dem „Einschlafen" vom fürchterlichen Gekreische der quietschenden Kreide geweckt. Wir halten uns die Ohren zu.

DIE BEWEGUNGEN AUF EINEN BLICK

Liedtext	Bewegungen
Vorn an der Tafel, da schwafelt der Lehrer nur Unsinn. Wieg mich im Stuhl wie in Trance hin und her, weil ich's blöd find.	Wir wiegen uns wie in Trance leicht hin und her von links nach rechts.
Den Kopf halt ich fest, ich weiß, was jetzt kommt: Der Lehrer setzt an, die Kreide, oh Mann, quietscht entsetzlich.	Wir führen beide Hände zum Kopf und wiegen uns weiter im Takt.
Ich halt meinen Kopf mit Händen ganz fest. Ich drück ihn nach links und ich drück ihn nach rechts, meinen Kopf, meinen Kopf. Die Kreide, die kreischt und ihn fast zerreißt, meinen Kopf.	**Wir drücken abwechselnd mit der rechten bzw. linken Hand fest gegen die Schläfe und halten mit dem Kopf dagegen.**
Vorn an der Tafel, da schwafelt Frau Thalmann nur Schwachsinn. Schlafe bald ein, wieg in Trance hin und her, weil ich's blöd find.	Wir schütteln die Arme aus und wiegen uns weiter im Takt zur Musik.
Den Kopf halt ich fest, ich weiß, was jetzt kommt: Die Kreide, oh Mann, wie hält man das aus, quietscht entsetzlich.	Wir führen beide Hände zum Kopf und wiegen uns weiter im Takt.
Refrain	**Durchführung wie beim 1. Refrain**

02. Kreidenquietsch-Blues

Liedtext	Bewegungen
Vorn an der Tafel, da schwafelt der Lehrer nur Unsinn. Wieg mich im Stuhl wie in Trance hin und her, weil ich's blöd find.	Wir schütteln die Arme aus und wiegen uns weiter im Takt zur Musik.
Den Kopf halt ich fest, ich weiß, was jetzt kommt: Der Lehrer setzt an, die Kreide, oh Mann, quietscht entsetzlich, quietscht entsetzlich, quietscht entsetzlich.	Wir führen beide Hände zum Kopf und wiegen uns weiter im Takt.

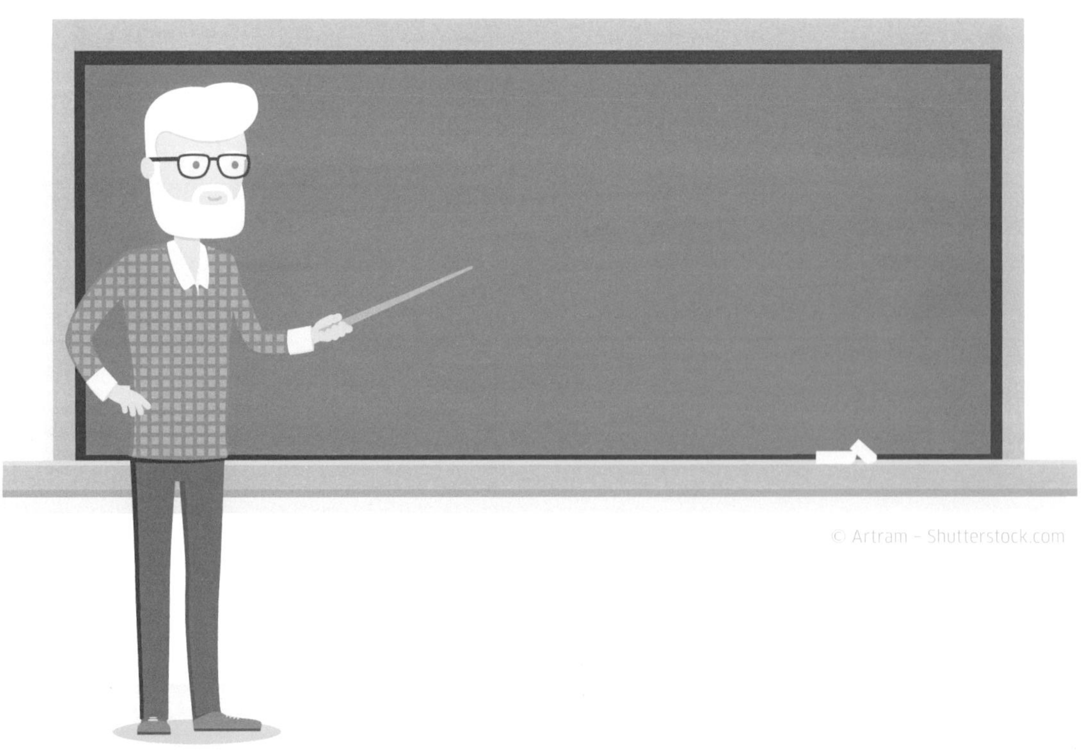

© Artram – Shutterstock.com

Kreidenquietsch-Blues

Text, Musik und Gesang: Ralf Gabriel

Blues: Tempo 49

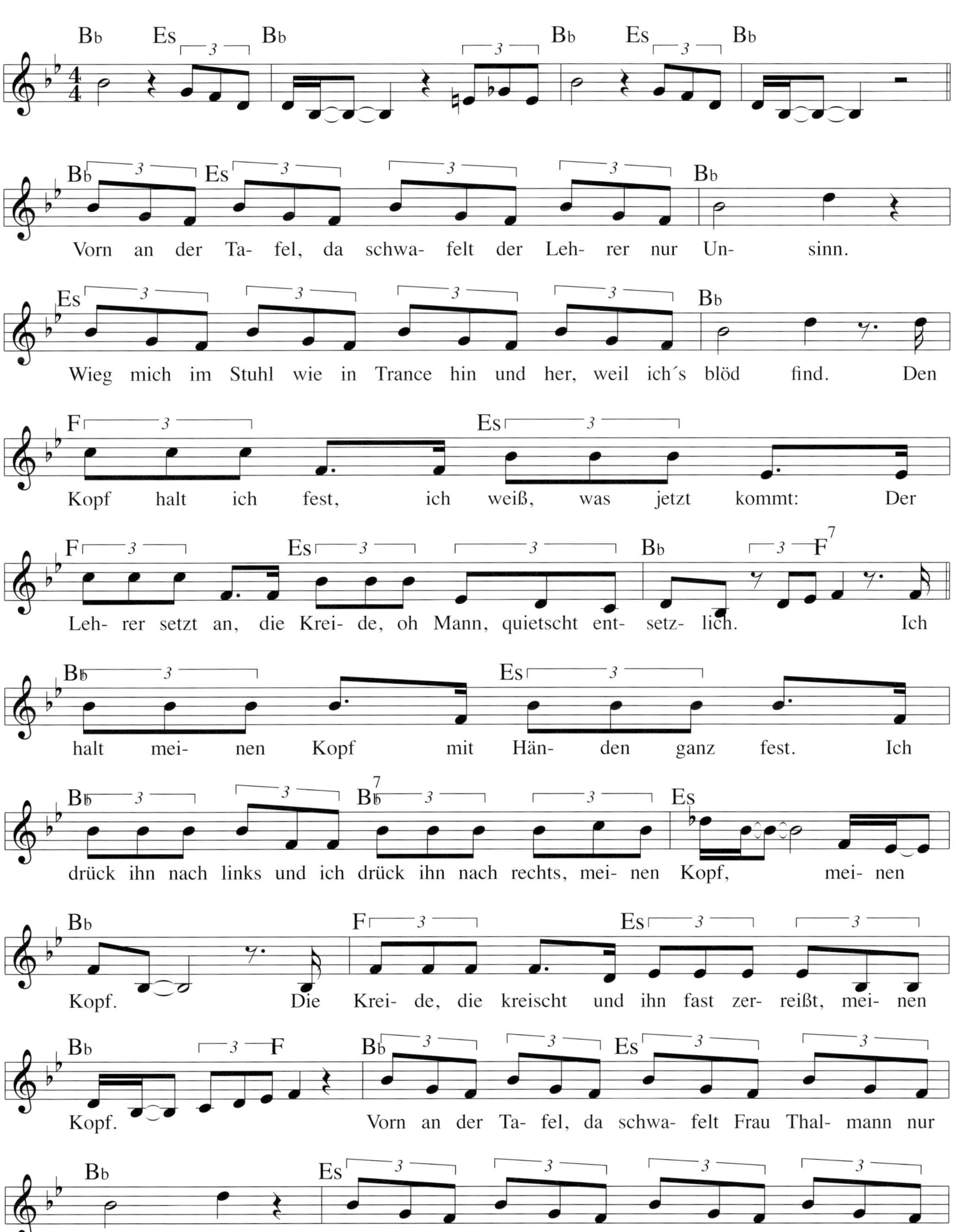

© Verlag an der Ruhr | Autor: Ralf Glück | www.verlagruhr.de
Kreis-Schmuck: © Jan Engel – stock.adobe.com

Kreidenquietsch-Blues

Blues: Tempo 49

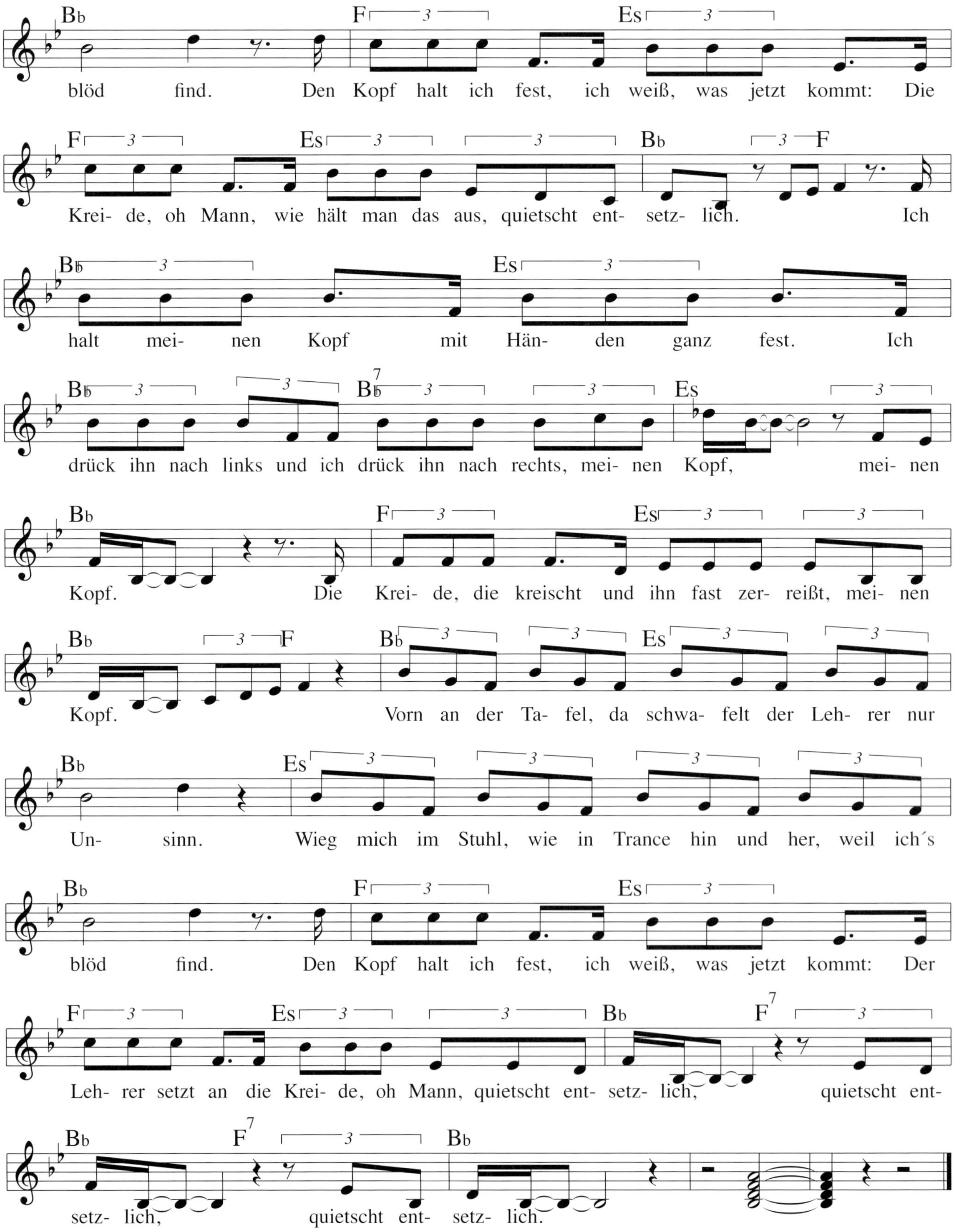

© Verlag an der Ruhr | Autor: Ralf Glück | www.verlagruhr.de
Kreis-Schmuck: © Jan Engel – stock.adobe.com

Liedtext zu „Kreidenquietsch-Blues“

Vorn an der Tafel, da schwafelt der Lehrer nur Unsinn.
Wieg mich im Stuhl wie in Trance hin und her, weil ich’s blöd find.
Den Kopf halt ich fest, ich weiß, was jetzt kommt:
Der Lehrer setzt an, die Kreide, oh Mann, quietscht entsetzlich.

Ich halt meinen Kopf mit Händen ganz fest.
Ich drück ihn nach links und ich drück ihn nach rechts,
meinen Kopf, meinen Kopf.
Die Kreide, die kreischt und ihn fast zerreißt, meinen Kopf.

Vorn an der Tafel, da schwafelt Frau Thalmann nur Schwachsinn.
Schlafe bald ein, wieg in Trance hin und her, weil ich’s blöd find.
Den Kopf halt ich fest, ich weiß, was jetzt kommt:
Die Kreide, oh Mann, wie hält man das aus, quietscht entsetzlich.

Ich halt meinen Kopf mit Händen ganz fest.
Ich drück ihn nach links und ich drück ihn nach rechts,
meinen Kopf, meinen Kopf.
Die Kreide, die kreischt und ihn fast zerreißt, meinen Kopf.

Vorn an der Tafel, da schwafelt der Lehrer nur Unsinn.
Wieg mich im Stuhl wie in Trance hin und her, weil ich’s blöd find.
Den Kopf halt ich fest, ich weiß, was jetzt kommt:
Der Lehrer setzt an, die Kreide, oh Mann, quietscht entsetzlich,
quietscht entsetzlich, quietscht entsetzlich.

© Verlag an der Ruhr | Autor: Ralf Glück
Kreis-Schmuck: © Jan Engel – stock.adobe.com | www.verlagruhr.de

03. Die Turnstunde

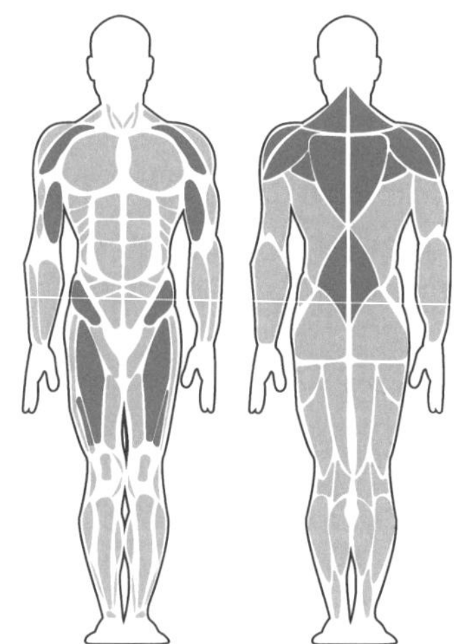

Mobilisation	●●●●●
Koordination	●●●●●
Kräftigung	●●●●●
Ausdauer	●●●●●
Sturzprophylaxe Sitzen	●●●●○
Sturzprophylaxe Stehen	●●●●●

WIRKUNG

- Ganzkörper-Mobilisation
- Kräftigung des Rückens und Schulterbereichs
- erhöhte Ausdauer

EINSTIEG

Bei der Turnstunde geht es sehr diszipliniert zu. Einfache Gymnastikübungen, die wir im Sitzen durchführen, stärken Körper und Geist. Das Lied kann auch als Rollator-Tanz durchgeführt werden.

DIE BEWEGUNGEN AUF EINEN BLICK

Liedtext	Bewegungen
Wir alle gehn im Gänsemarsch zur Turnhalle hinein. Gymnastik hält den Körper fit, drum muss Gymnastik sein. Mit Disziplin marschieren wir im Gänseschritt voran. Wir stellen uns im Kreis jetzt auf und schaun den Trainer an, schaun ihn an.	Wir marschieren am Stuhl oder gehend mit dem Rollator und heben dabei bewusst die Beine möglichst hoch an.
Wir beugen uns nach vor, zurück, vor, zurück, vor zurück. Wir beugen uns nach vor, zurück, das hält den Körper fit, hält ihn fit. (Wdh.)	**Wir beugen uns vor und zurück und dehnen dabei unseren Körper.**
Wir alle gehn im Storchenschritt, wir heben Bein für Bein. Wir heben sie im Wechsel an, ja, so, so soll es sein ...	Wir marschieren wie bei der 1. Strophe.
Die Arme gehen in die Höh, auf und ab, auf und ab. Die Arme gehen in die Höh, der Kreislauf kommt auf Trab, kommt auf Trab. (Wdh.)	**Wir heben die Arme zur Musik auf und ab und achten dabei auf bewusstes Ein- und Ausatmen.**
Wir alle gehn im Gänsemarsch, wir gehen rundherum. Gymnastik hält den Körper fit, ja, das ist gar nicht dumm ...	Wir marschieren wie bei der 1. Strophe.

03. Die Turnstunde

Liedtext	Bewegungen
Die Arme klappen auf und zu, seitwärts raus, auf und zu. Die Arme klappen auf und zu und geben keine Ruh, keine Ruh. (Wdh.)	**Wir klappen beide Arme seitwärts auf und zu wie beim Hampelmann.**
Wir alle gehn im Gänseschritt zur Turnhalle hinaus. Gymnastik hält den Körper fit, drum spenden wir Applaus.	Wir marschieren wie bei der 1. Strophe und winken unseren „Sportsfreund*innen" dabei zu.

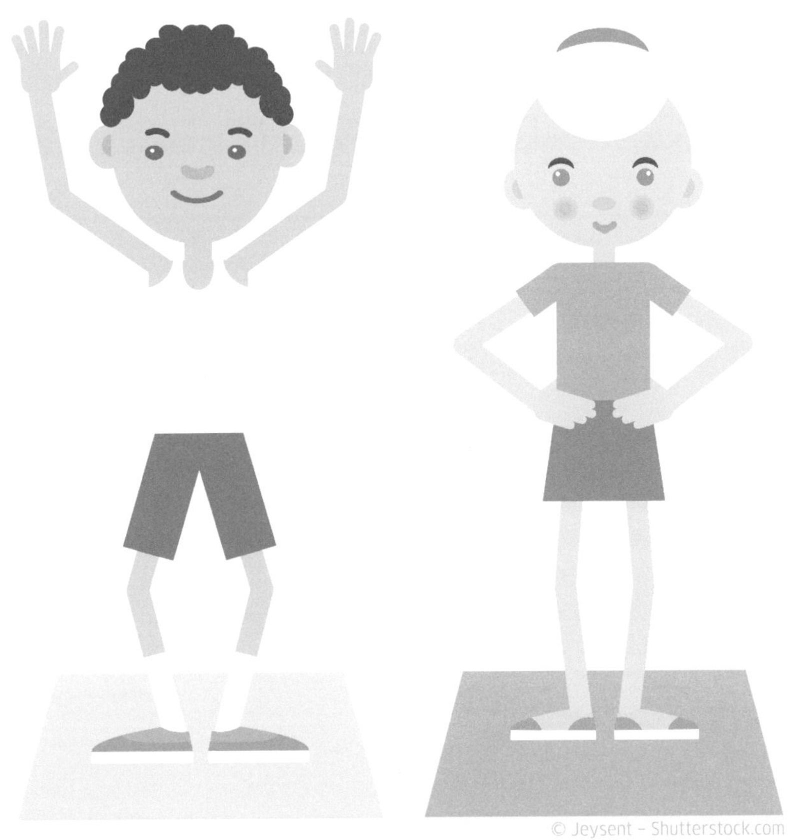

© Jeysent – Shutterstock.com

Die Turnstunde

Text, Musik und Gesang: Ralf Gabriel

Schottischer Tanz: 120

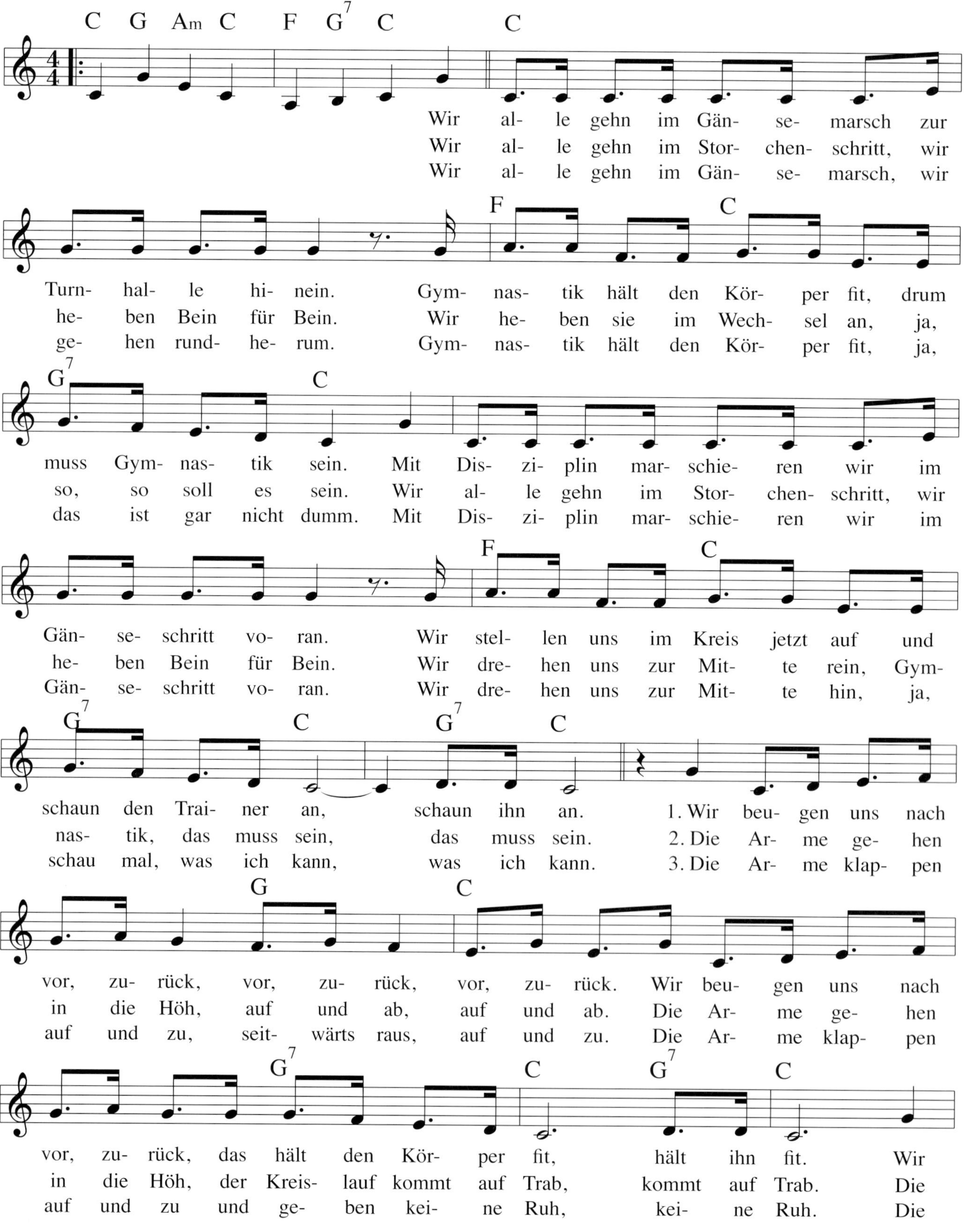

© Verlag an der Ruhr | Autor: Ralf Glück
Kreis-Schmuck: © Jan Engel – stock.adobe.com | www.verlagruhr.de

Die Turnstunde

Schottischer Tanz: 120

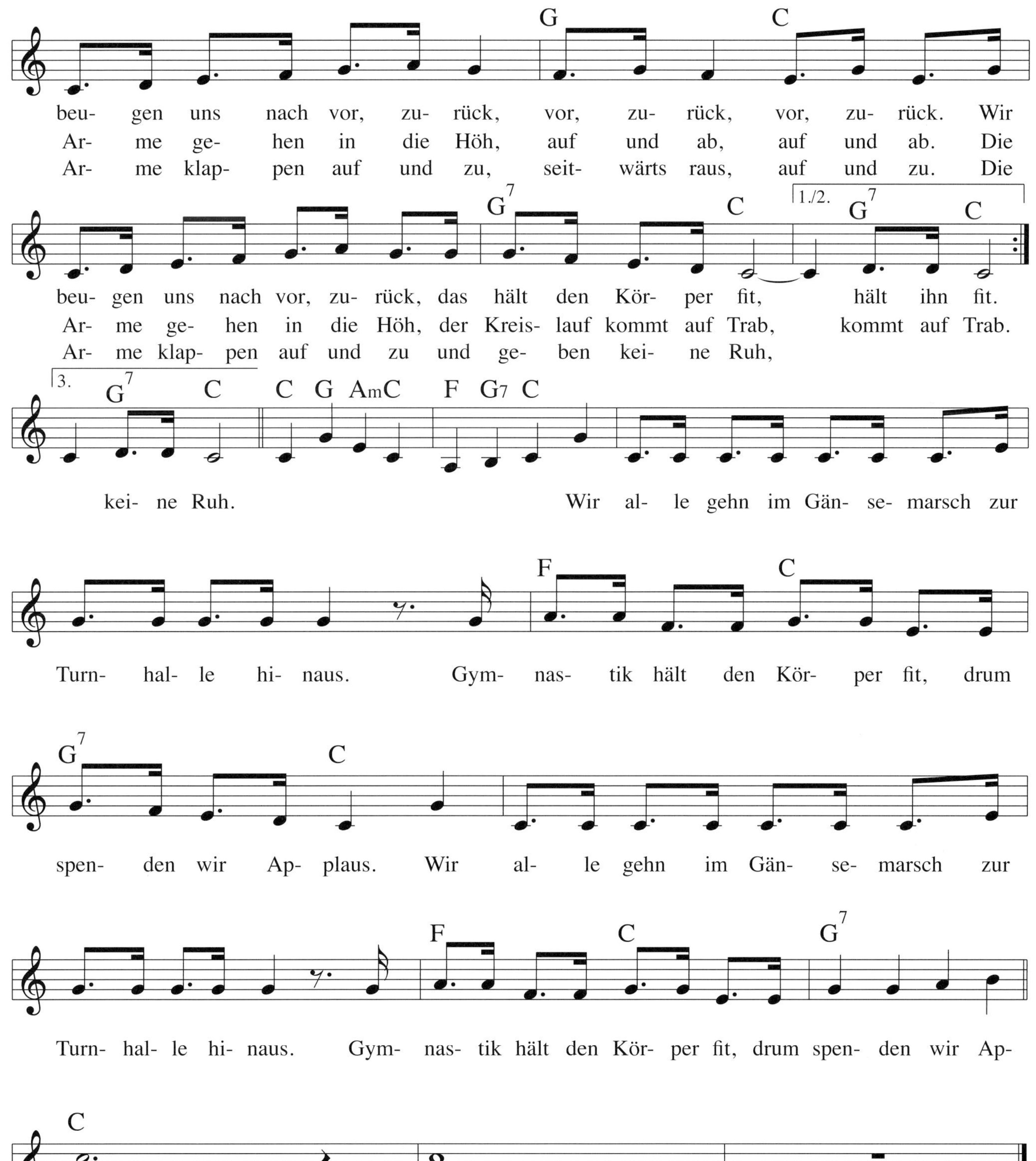

© Verlag an der Ruhr | Autor: Ralf Glück
Kreis-Schmuck: © Jan Engel – stock.adobe.com | www.verlagruhr.de

Liedtext zu „Die Turnstunde“

Wir alle gehn im Gänsemarsch zur Turnhalle hinein.
Gymnastik hält den Körper fit, drum muss Gymnastik sein.
Mit Disziplin marschieren wir im Gänseschritt voran.
Wir stellen uns im Kreis jetzt auf und schaun den Trainer an,
schaun ihn an.

Wir beugen uns nach vor, zurück, vor, zurück, vor zurück.
Wir beugen uns nach vor, zurück, das hält den Körper fit, hält ihn fit.
Wir beugen uns nach vor, zurück, vor, zurück, vor zurück.
Wir beugen uns nach vor, zurück, das hält den Körper fit, hält ihn fit.

Wir alle gehn im Storchenschritt, wir heben Bein für Bein.
Wir heben sie im Wechsel an, ja, so, so soll es sein.
Wir alle gehn im Storchenschritt, wir heben Bein für Bein.
Wir drehen uns zur Mitte rein, Gymnastik, das muss sein,
das muss sein.

Die Arme gehen in die Höh, auf und ab, auf und ab.
Die Arme gehen in die Höh, der Kreislauf kommt auf Trab,
kommt auf Trab.
Die Arme gehen in die Höh, auf und ab, auf und ab.
Die Arme gehen in die Höh, der Kreislauf kommt auf Trab,
kommt auf Trab.

Wir alle gehn im Gänsemarsch, wir gehen rundherum.
Gymnastik hält den Körper fit, ja, das ist gar nicht dumm.
Mit Disziplin marschieren wir im Gänseschritt voran.
Wir drehen uns zur Mitte hin, ja, schau mal, was ich kann,
was ich kann.

Die Arme klappen auf und zu, seitwärts raus, auf und zu.
Die Arme klappen auf und zu und geben keine Ruh, keine Ruh.
Die Arme klappen auf und zu, seitwärts raus, auf und zu.
Die Arme klappen auf und zu und geben keine Ruh, keine Ruh.

Wir alle gehn im Gänsemarsch zur Turnhalle hinaus.
Gymnastik hält den Körper fit, drum spenden wir Applaus.
Wir alle gehn im Gänsemarsch zur Turnhalle hinaus.
Gymnastik hält den Körper fit, drum spenden wir Applaus.

© Verlag an der Ruhr | Autor: Ralf Glück
Kreis-Schmuck: © Jan Engel – stock.adobe.com | www.verlagruhr.de

04. Pausenspiele

Mobilisation	● ● ● ● ○
Koordination	● ● ● ● ○
Kräftigung	● ● ● ● ○
Ausdauer	● ● ● ● ○
Sturzprophylaxe Sitzen	● ● ● ● ○
Sturzprophylaxe Stehen	● ● ● ● ●

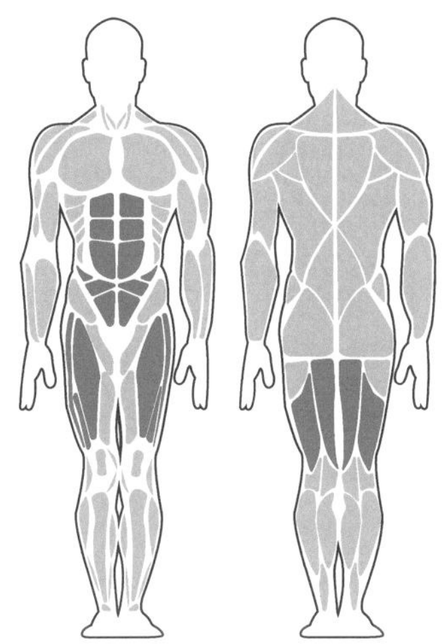

WIRKUNG

- Mobilisation der Beine und Knie
- Kräftigung der Abduktoren, der Bauchmuskulatur und des Hüftbeugers

EINSTIEG

In den Schulpausen hatten die Mädchen oft Spaß mit Gummitwist. Da ist Geschicklichkeit beim kreativen Hüpfen gefragt. Dieser Sitztanz fördert die Koordination der Beinbewegungen.

DIE BEWEGUNGEN AUF EINEN BLICK

Liedtext	Bewegungen
Jeden Tag, wir sehnten sie so her, Pausenspiele freuten uns so sehr. Liefen wir mit Eifer schnell hinaus, wenn die Glocke tönte, war die Stunde aus.	Wir laufen im Sitzen „in den Pausenhof“.
Wir hüpften Gummitwist, mit beiden Beinen hoch. Wir hüpften auf und ab, da waren wir ganz groß. Wir hüpften in die Höh, an uns kam keiner ran. Wir hatten Spaß dabei und jeder war mal dran.	**Wir ziehen beide Beine gleichzeitig hoch und setzen sie wieder ab. Mehrmals wiederholen.**
Schreiend liefen wir im Kreis herum, hüpften, sprangen, nichts war uns zu dumm. Sangen Lieder laut und meist nicht schön, in den Pausen war das Leben doppelt schön.	Wir schütteln den Körper aus und lockern ihn.
Wir hüpften Gummitwist, zur Seite ging es raus. So wie beim Hampelmann, die Beine seitwärts raus. Sie klappten auf und zu, das fiel uns gar nicht schwer. Wir hatten Spaß dabei und wollten immer mehr.	**Wir führen beide Beine parallel nach außen und wieder in die Mitte zurück.**
Jeder Tag war spannend, immer neu. Neckten uns, da warn wir gar nicht scheu. War die Pause aus, wir mussten rein, dachten wir zurück, die Pausenzeit war fein.	Wir schütteln den Körper aus und lockern ihn.
Wir hüpften Gummitwist, ein Bein, das ging nach vorn. Wie beim Spagat, ja, klar, dafür warn wir geborn. Die Beine wechselten, mal vor und mal zurück. Die Pausenspiele warn für uns das größte Glück, die Pausenspiele warn für uns das größte Glück.	**Wir bewegen die Beine im Wechsel in einer Art Grätsche nach vorn und zurück.**

Pausenspiele

Text, Musik und Gesang: Ralf Gabriel, **Chorgesang:** Carola Maria

Country-Pop: 143

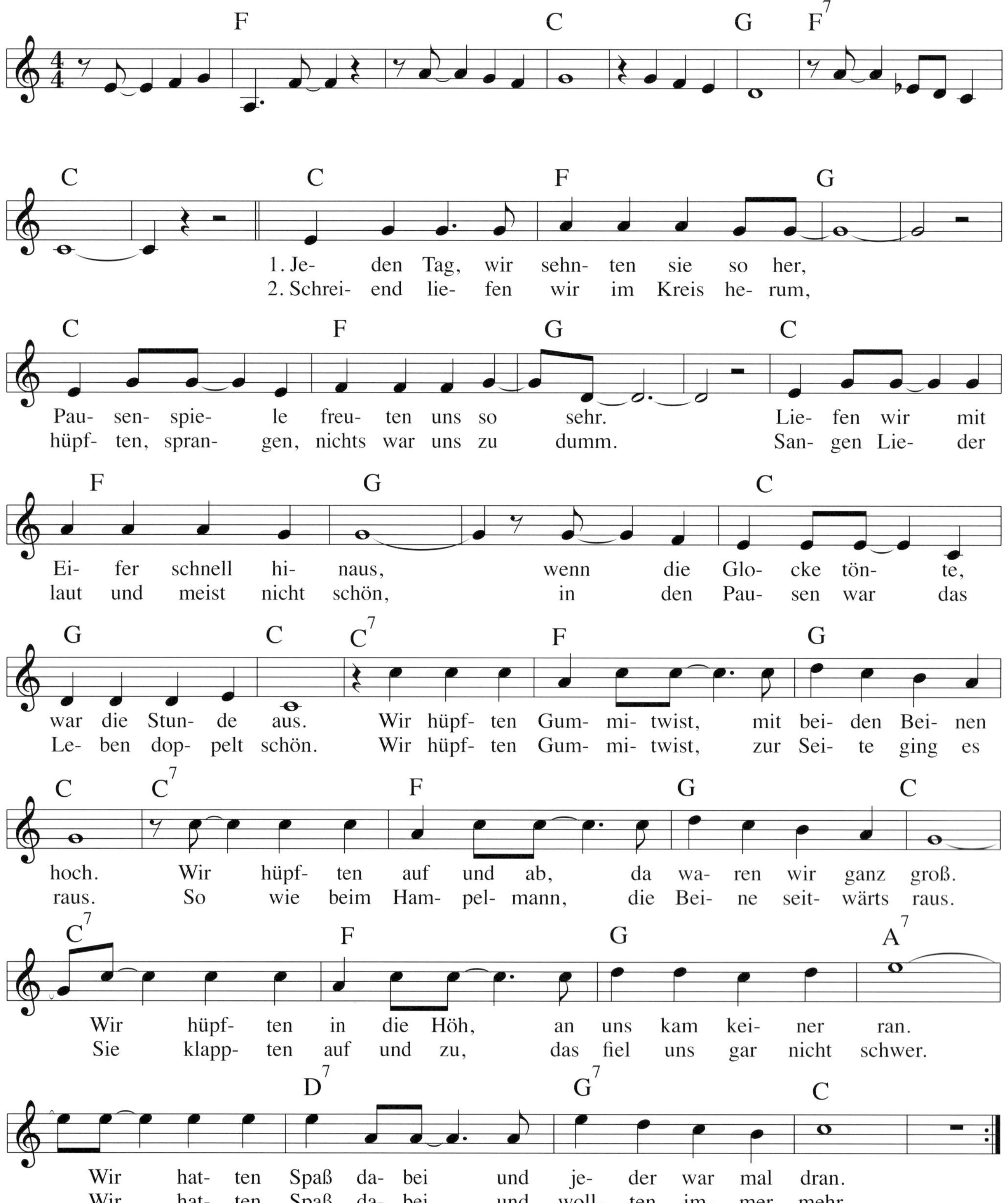

© Verlag an der Ruhr | Autor: Ralf Glück
Kreis-Schmuck: © Jan Engel – stock.adobe.com | www.verlagruhr.de

Pausenspiele

Country-Pop: 143

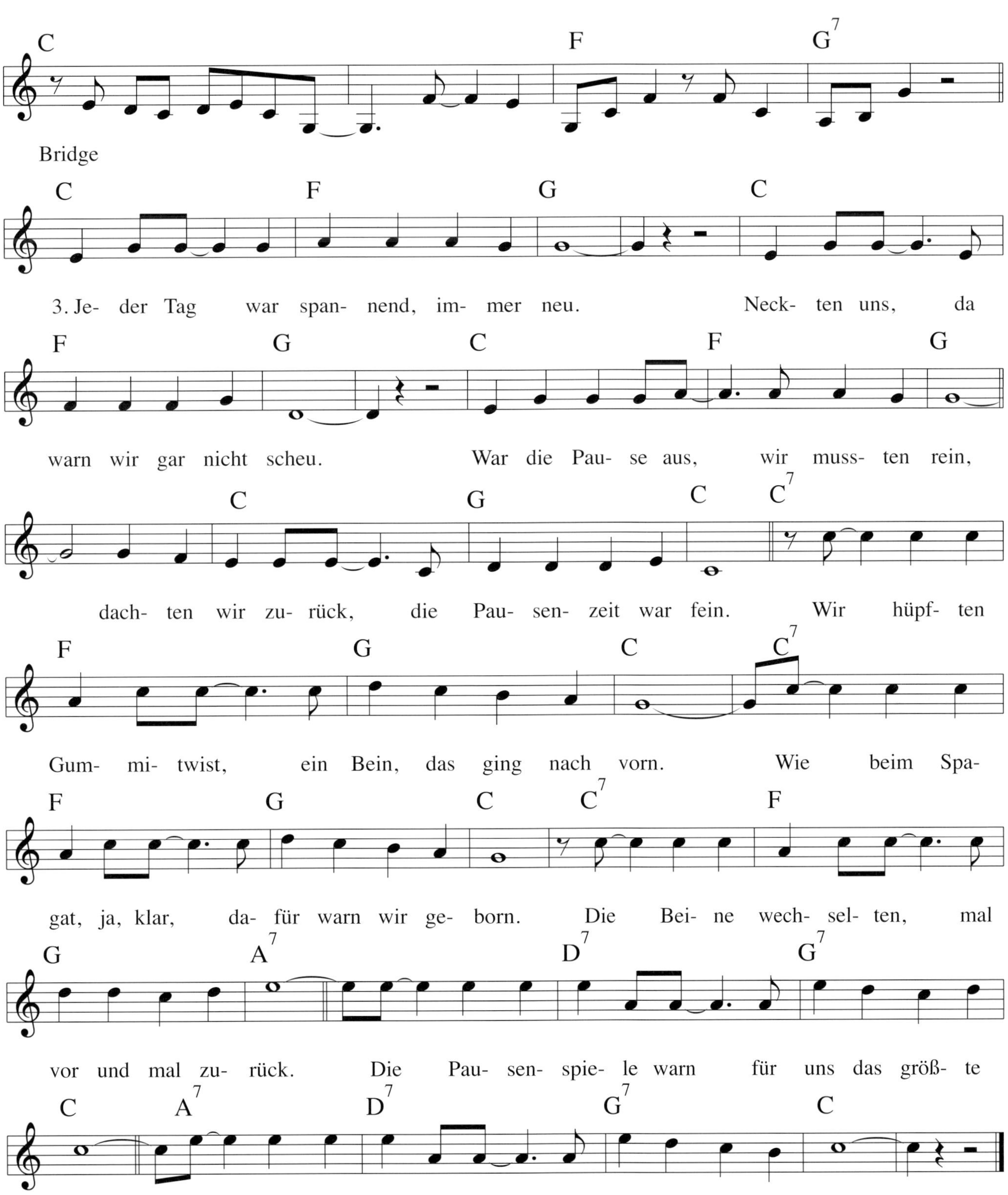

© Verlag an der Ruhr | Autor: Ralf Glück | www.verlagruhr.de
Kreis-Schmuck: © Jan Engel – stock.adobe.com

Liedtext zu „Pausenspiele“

Jeden Tag, wir sehnten sie so her,
Pausenspiele freuten uns so sehr.
Liefen wir mit Eifer schnell hinaus,
wenn die Glocke tönte, war die Stunde aus.

Wir hüpften Gummitwist, mit beiden Beinen hoch.
Wir hüpften auf und ab, da waren wir ganz groß.
Wir hüpften in die Höh, an uns kam keiner ran.
Wir hatten Spaß dabei und jeder war mal dran.

Schreiend liefen wir im Kreis herum,
hüpften, sprangen, nichts war uns zu dumm.
Sangen Lieder laut und meist nicht schön,
in den Pausen war das Leben doppelt schön.

Wir hüpften Gummitwist, zur Seite ging es raus.
So wie beim Hampelmann, die Beine seitwärts raus.
Sie klappten auf und zu, das fiel uns gar nicht schwer.
Wir hatten Spaß dabei und wollten immer mehr.

Jeder Tag war spannend, immer neu.
Neckten uns, da warn wir gar nicht scheu.
War die Pause aus, wir mussten rein,
dachten wir zurück, die Pausenzeit war fein.

Wir hüpften Gummitwist, ein Bein, das ging nach vorn.
Wie beim Spagat, ja, klar, dafür warn wir geborn.
Die Beine wechselten, mal vor und mal zurück.
Die Pausenspiele warn für uns das größte Glück,
die Pausenspiele warn für uns das größte Glück.

© Verlag an der Ruhr | Autor: Ralf Glück
Kreis-Schmuck: © Jan Engel – stock.adobe.com | www.verlagruhr.de

05. Seifenkisten-Rennen

Mobilisation	● ● ● ○ ○
Koordination	● ● ● ○ ○
Kräftigung	● ● ● ● ○
Ausdauer	● ● ● ○ ○
Sturzprophylaxe Sitzen	● ● ● ○ ○
Sturzprophylaxe Stehen	● ○ ○ ○ ○

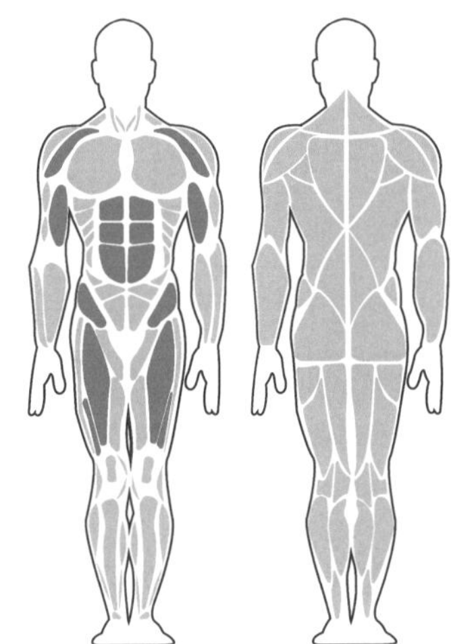

WIRKUNG

- Kräftigung der Bauchmuskulatur, des Quadrizeps und des Hüftbeugers
- statische Kräftigung der Schultern

EINSTIEG

Wir sitzen, halb liegend, in unserer Seifenkiste, halten die Lenkseile in den Händen, strecken die Beine und konzentrieren uns auf das bevorstehende Rennen.

DIE BEWEGUNGEN AUF EINEN BLICK

Liedtext	Bewegungen
Monatelang hab ich mich darauf gefreut, habe geplant, gesägt und gebohrt. Sie steht vor mir, ein Traum wurde wahr. Die Seifenkiste steht vor mir, wunderbar. Heute am Start, fühl mich fürs Rennen bereit. Hab gut trainiert, jetzt wird es Zeit. Setz mich hinein, die Spannung, die steigt. Der Startschuss fällt und wir fahrn los.	Wir führen beide Arme seitwärts nach vorn und bewundern imaginär die Seifenkiste.
Leg mich nach hinten, die Beine gestreckt. Halt mit den Händen die Lenkseile fest. Ich zieh die Seile, mal links und mal rechts, und wir sausen, sausen, das ist nicht schlecht. Ich schau nach links, der andre ist gut. Ich schau nach rechts, auch dieser hat Mut. Wir legen uns in die Kurven hinein, so muss es sein, so muss es sein.	**Wir lehnen uns leicht nach hinten, strecken dabei die Arme und Beine nach vorn. Wir ziehen links und rechts die „Lenkseile“ und legen uns in die Richtung.**
Ich war so gut, habe mich qualifiziert. Und jetzt am Start stehn wir zu viert. Setz mich hinein, die Beine gestreckt. Der Startschuss fällt, jetzt geht es los.	Wir richten den Körper auf, schütteln ihn aus und halten uns erneut für die Übung bereit.
Refrain	**Übung erneut durchführen**
Oh, welch ein Glück, ich bin noch immer dabei. Und jetzt am Start stehn nur noch drei. Setz mich hinein, die Beine gestreckt. Der Startschuss fällt und jetzt geht's los.	Wir richten den Körper auf, schütteln ihn aus und halten uns erneut für die Übung bereit.
Refrain	**Übung erneut durchführen**
Oh, welch ein Glück! Mein kleiner Renner war schnell und der Pokal leuchtet so hell. Das war ein Tag, erfolgreich für mich, jetzt feiern wir, ich lad euch ein.	Wir richten den Körper auf, schütteln ihn aus und freuen uns über den Sieg.

Seifenkisten-Rennen

Text, Musik und Gesang: Ralf Gabriel

Country: 128

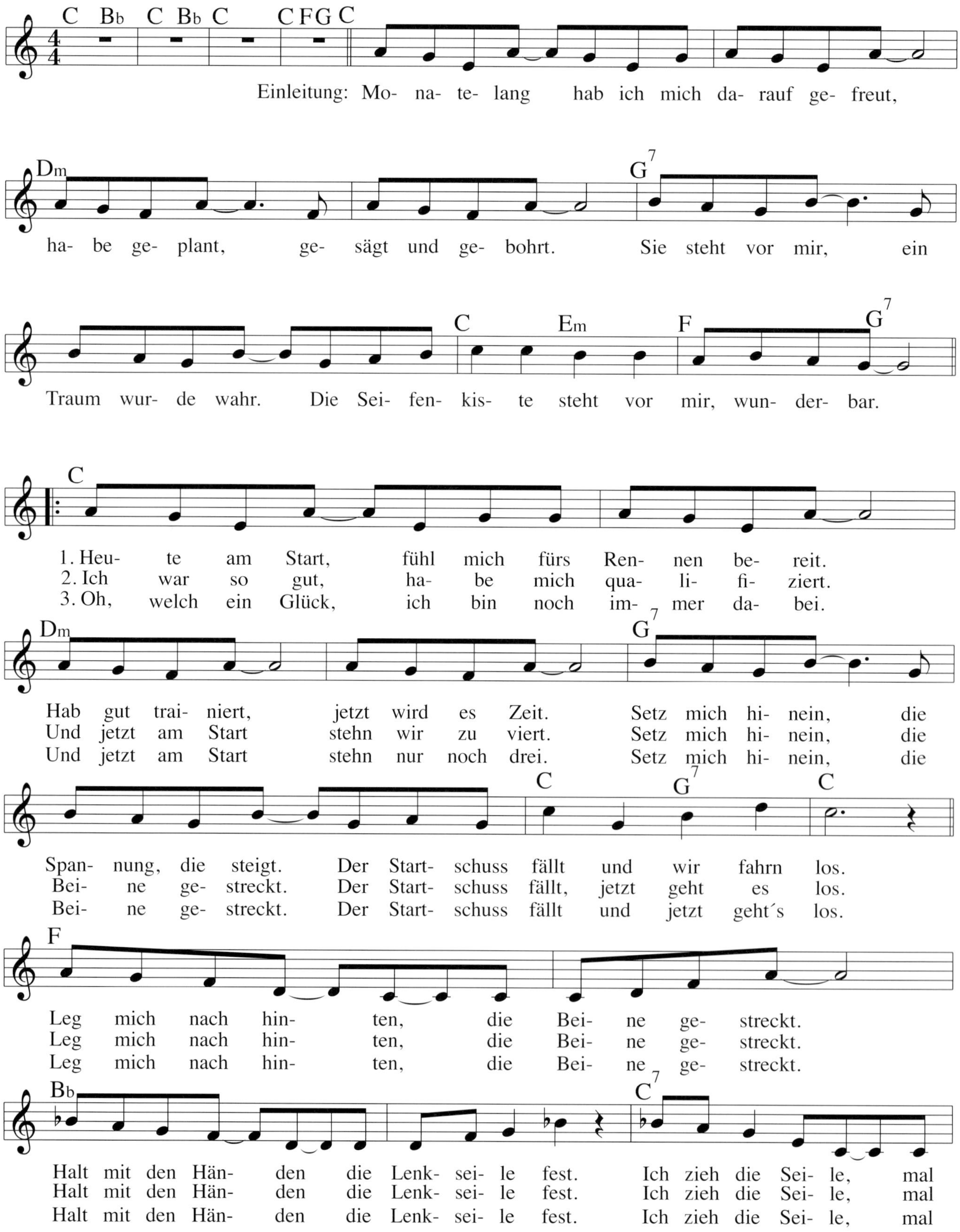

Einleitung: Monatelang hab ich mich darauf gefreut, habe geplant, gesägt und gebohrt. Sie steht vor mir, ein Traum wurde wahr. Die Seifenkiste steht vor mir, wunderbar.

1. Heute am Start, fühl mich fürs Rennen bereit. Hab gut trainiert, jetzt wird es Zeit. Setz mich hinein, die Spannung, die steigt. Der Startschuss fällt und wir fahrn los. Leg mich nach hinten, die Beine gestreckt. Halt mit den Händen die Lenkseile fest. Ich zieh die Seile, mal

2. Ich war so gut, habe mich qualifiziert. Und jetzt am Start stehn wir zu viert. Setz mich hinein, die Beine gestreckt. Der Startschuss fällt, jetzt geht es los. Leg mich nach hinten, die Beine gestreckt. Halt mit den Händen die Lenkseile fest. Ich zieh die Seile, mal

3. Oh, welch ein Glück, ich bin noch immer dabei. Und jetzt am Start stehn nur noch drei. Setz mich hinein, die Beine gestreckt. Der Startschuss fällt und jetzt geht´s los. Leg mich nach hinten, die Beine gestreckt. Halt mit den Händen die Lenkseile fest. Ich zieh die Seile, mal

© Verlag an der Ruhr | Autor: Ralf Glück | www.verlagruhr.de
Kreis-Schmuck: © Jan Engel – stock.adobe.com

Seifenkisten-Rennen

Country: 128

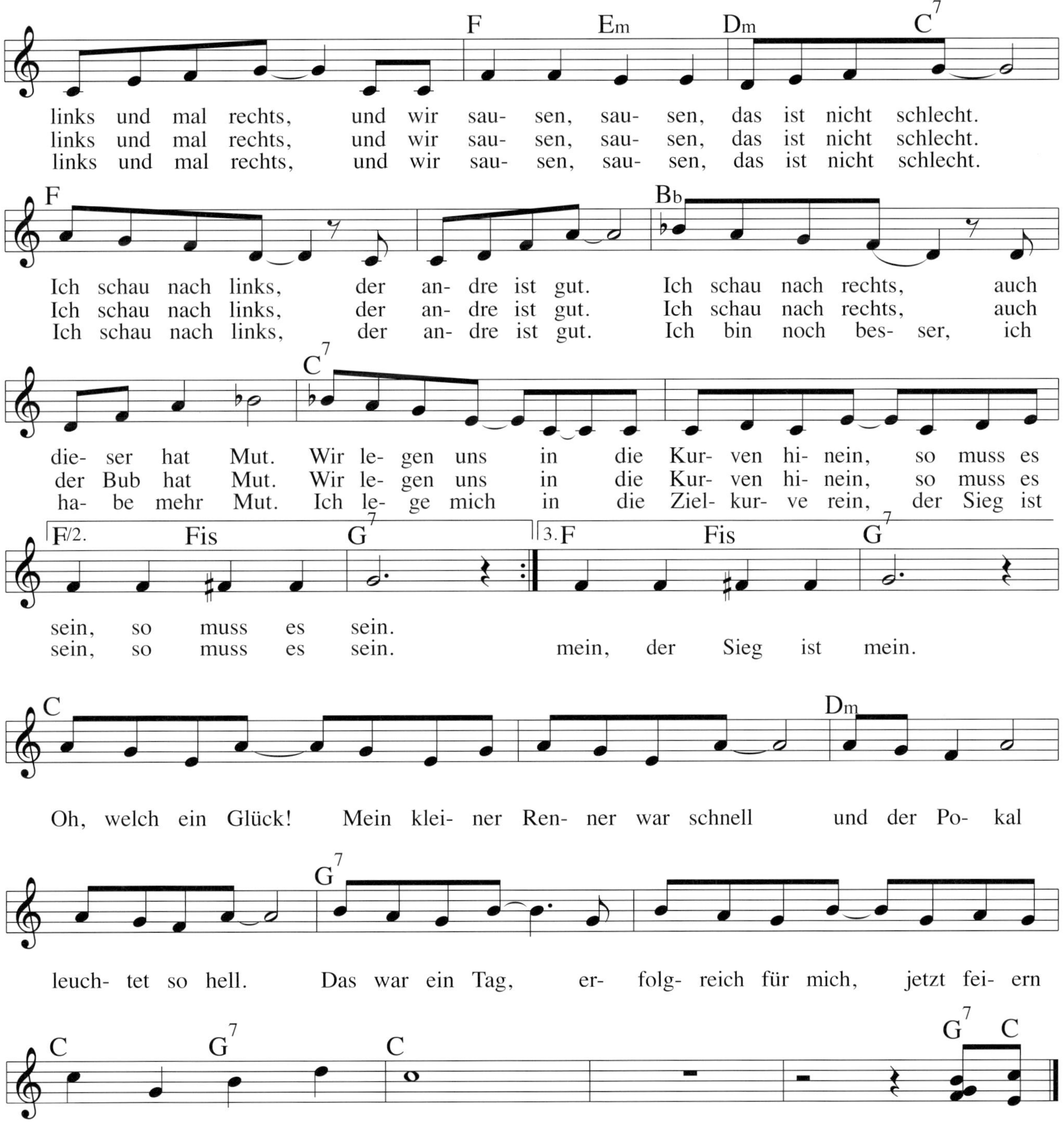

© Verlag an der Ruhr | Autor: Ralf Glück
Kreis-Schmuck: © Jan Engel – stock.adobe.com | www.verlagruhr.de

Liedtext zu „Seifenkisten-Rennen“

Monatelang hab ich mich darauf gefreut,
habe geplant, gesägt und gebohrt.
Sie steht vor mir, ein Traum wurde wahr.
Die Seifenkiste steht vor mir, wunderbar.
Heute am Start, fühl mich fürs Rennen bereit.
Hab gut trainiert, jetzt wird es Zeit.
Setz mich hinein, die Spannung, die steigt.
Der Startschuss fällt und wir fahrn los.

**Leg mich nach hinten, die Beine gestreckt.
Halt mit den Händen die Lenkseile fest.
Ich zieh die Seile, mal links und mal rechts,
und wir sausen, sausen, das ist nicht
schlecht.
Ich schau nach links, der andre ist gut.
Ich schau nach rechts, auch dieser hat Mut.
Wir legen uns in die Kurven hinein, so muss
es sein, so muss es sein.**

Ich war so gut, habe mich qualifiziert.
Und jetzt am Start stehn wir zu viert.
Setz mich hinein, die Beine gestreckt.
Der Startschuss fällt, jetzt geht es los.

**Leg mich nach hinten, die Beine gestreckt.
Halt mit den Händen die Lenkseile fest.
Ich ziehe die Seile mal links und mal rechts,
und wir sausen, sausen, das ist nicht
schlecht.
Ich schau nach links, der andre ist gut.
Ich schau nach rechts, auch der Bub hat Mut.
Wir legen uns in die Kurven hinein, so muss
es sein, so muss es sein.**

Oh, welch ein Glück, ich bin noch immer dabei.
Und jetzt am Start stehn nur noch drei.
Setz mich hinein, die Beine gestreckt.
Der Startschuss fällt und jetzt geht's los.

**Leg mich nach hinten, die Beine gestreckt.
Halt mit den Händen die Lenkseile fest.
Ich ziehe die Seile, mal links und mal rechts,
und wir sausen, sausen, das ist nicht
schlecht.
Ich schau nach links, der andre ist gut.
Ich bin noch besser, ich habe mehr Mut.
Ich lege mich in die Zielkurve rein, der Sieg
ist mein, der Sieg ist mein.**

Oh, welch ein Glück! Mein kleiner Renner
war schnell
und der Pokal leuchtet so hell.
Das war ein Tag, erfolgreich für mich,
jetzt feiern wir, ich lad euch ein.

© Verlag an der Ruhr | Autor: Ralf Glück
Kreis-Schmuck: © Jan Engel – stock.adobe.com | www.verlagruhr.de

06. Mit meiner roten Vespa

Mobilisation	●●●○○
Koordination	●●●○○
Kräftigung	●●●●○
Ausdauer	●●●○○
Sturzprophylaxe Sitzen	●●●○○
Sturzprophylaxe Stehen	●●●○○

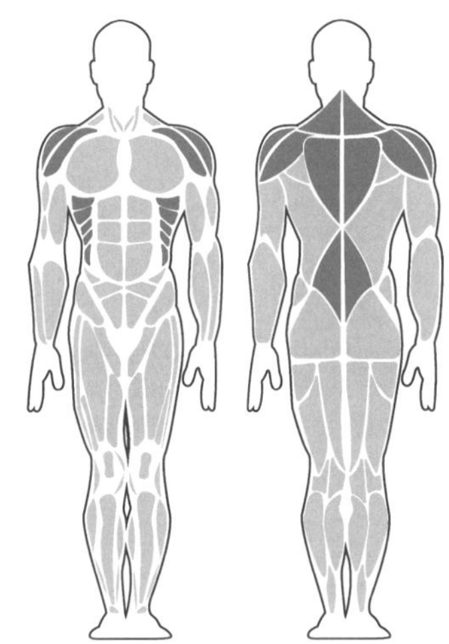

WIRKUNG

- Mobilisation der Lendenwirbelsäule
- Kräftigung der unteren und oberen Wirbelsäulenmuskulatur
- Kräftigung des Schultergürtels

EINSTIEG

Ganz cool präsentieren wir den Girls die Vespa und machen eine Spritztour. Dabei legen wir uns links und rechts steil in die Kurven hinein. Ein Sitztanz nicht nur für Männer.

DIE BEWEGUNGEN AUF EINEN BLICK

Liedtext	Bewegungen
Mit meiner roten Vespa, da mach ich jedes Girl klar. Den Lenker halt ich fest und beug mich weit, ganz weit nach vorn. Mit meiner coolen Vespa, da bin ich meinem Glück nah. Du beugst dich weit mit mir nach vorn und schmiegst dich fest an mich.	Wir halten einen imaginären Lenker und bewegen uns zur Musik.
Dann geht es links in die Kurve rein, wir gehen beide mit. Rechts in die Kurve, das muss so sein, das ist für uns der Hit.	**Wir beugen uns nach links und rechts.**
Mit meiner roten Vespa, da sagt doch jedes Girl Ja. Ich beug mich weit nach vorn, so geht die Fahrt gleich doppelt schnell. Mit meiner coolen Vespa, da bin ich dir dann ganz nah. Du hältst dich fest an mir, ganz fest und kuschelst dich an mich.	Wir halten einen imaginären Lenker, bewegen uns zur Musik und beugen uns nach vorn.
Links in die Kurve nach vorn gebeugt, wir nehmen sie mit Schwung. Rechts in die Kurve, wir sind bereit, wir haben Spaß, sind jung.	**Wir beugen uns nach links und rechts.**
Mit meiner roten Vespa, da werden Träume schnell wahr. Ich beug mich weit nach vorn, so geht die Fahrt gleich doppelt schnell. Mit meiner coolen Vespa, da bin ich jedem Girl nah. Du beugst dich weit mit mir nach vorn und schmiegst dich fest an mich.	Wir halten einen imaginären Lenker, bewegen uns zur Musik und beugen uns nach vorn.
Links in die Kurve nach vorn gebeugt, wir nehmen sie mit Schwung. Rechts in die Kurve, wie uns das freut, mit Gas, denn wir sind jung.	**Wir beugen uns nach links und rechts.**
Mit meiner roten Vespa, da mach ich jedes Girl klar ...	

Mit meiner roten Vespa

Text, Musik und Gesang: Ralf Gabriel, **Chorgesang:** Carola Maria

Rock: 131

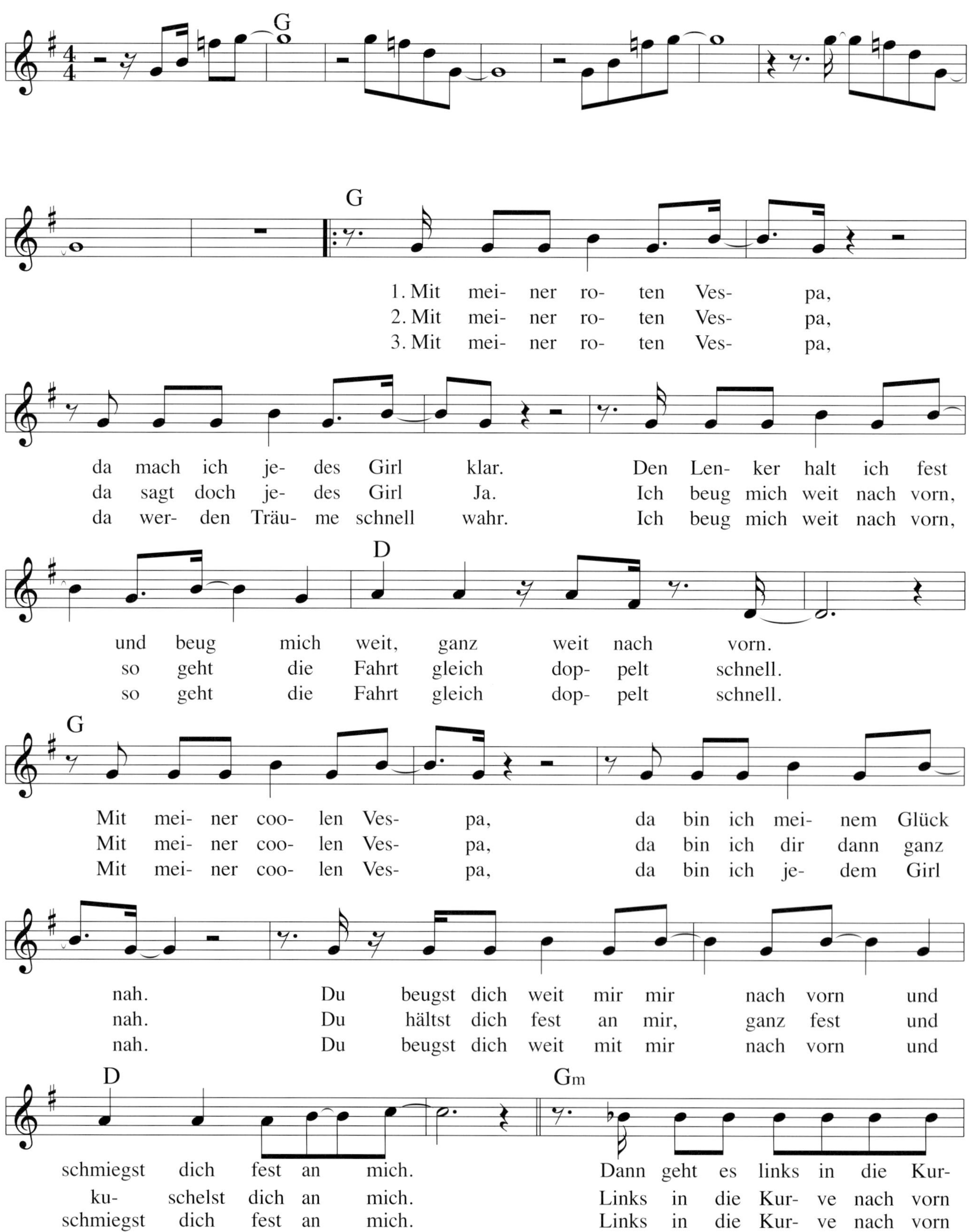

© Verlag an der Ruhr | Autor: Ralf Glück | www.verlagruhr.de
Kreis-Schmuck: © Jan Engel – stock.adobe.com | www.verlagruhr.de

Mit meiner roten Vespa

Rock: 131

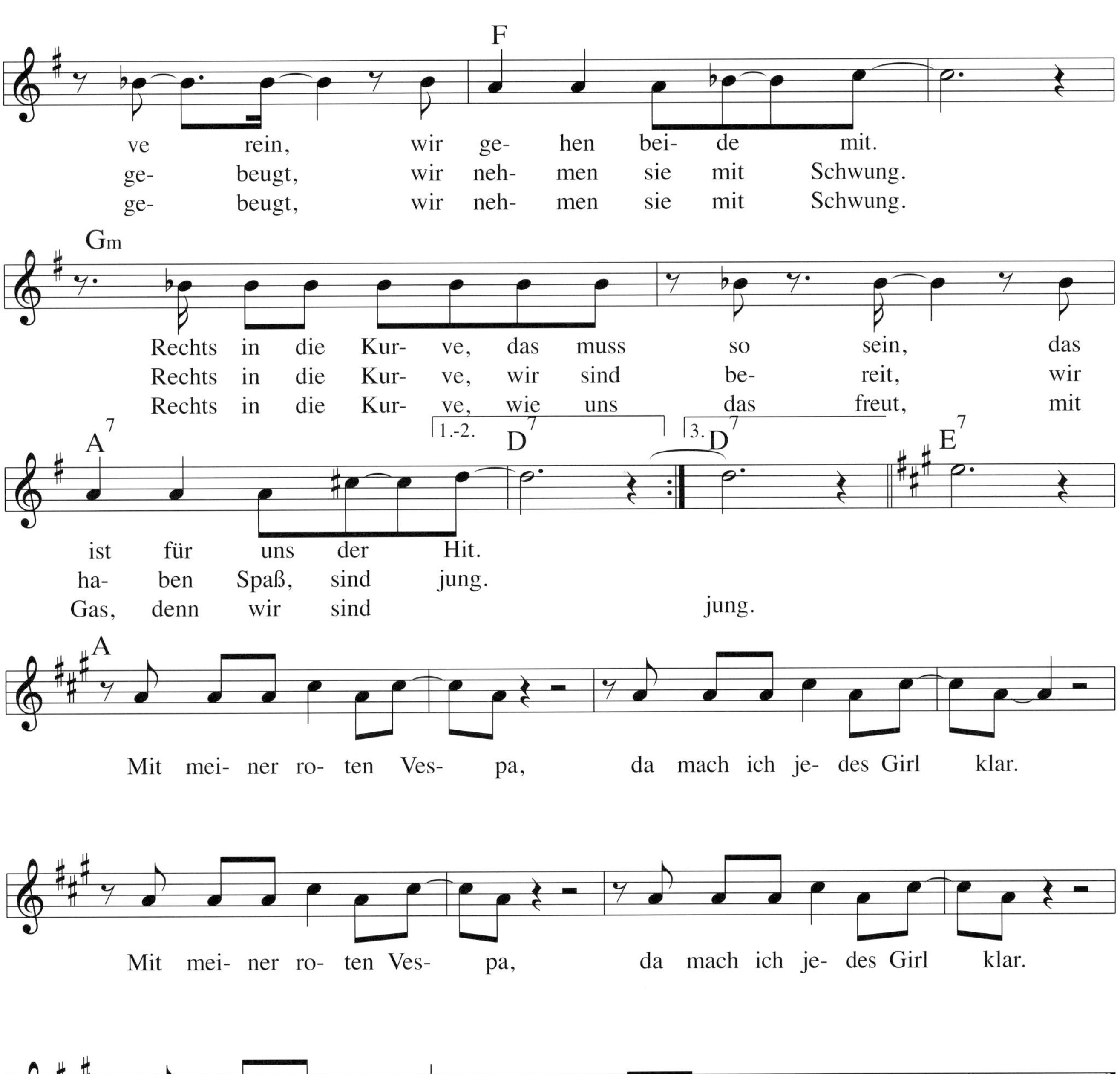

© Verlag an der Ruhr | Autor: Ralf Glück
Kreis-Schmuck: © Jan Engel – stock.adobe.com | www.verlagruhr.de

Liedtext zu „Mit meiner roten Vespa“

Mit meiner roten Vespa, da mach ich jedes Girl klar.
Den Lenker halt ich fest und beug mich weit, ganz weit nach vorn.
Mit meiner coolen Vespa, da bin ich meinem Glück nah.
Du beugst dich weit mit mir nach vorn und schmiegst dich fest an mich.

Dann geht es links in die Kurve rein, wir gehen beide mit.
Rechts in die Kurve, das muss so sein, das ist für uns der Hit.

Mit meiner roten Vespa, da sagt doch jedes Girl Ja.
Ich beug mich weit nach vorn, so geht die Fahrt gleich doppelt schnell.
Mit meiner coolen Vespa, da bin ich dir dann ganz nah.
Du hältst dich fest an mir, ganz fest und kuschelst dich an mich.

Links in die Kurve nach vorn gebeugt,
wir nehmen sie mit Schwung.
Rechts in die Kurve, wir sind bereit, wir haben Spaß, sind jung.

Mit meiner roten Vespa, da werden Träume schnell wahr.
Ich beug mich weit nach vorn, so geht die Fahrt gleich doppelt schnell.
Mit meiner coolen Vespa, da bin ich jedem Girl nah.
Du beugst dich weit mit mir nach vorn und schmiegst dich fest an mich.

Links in die Kurve nach vorn gebeugt,
wir nehmen sie mit Schwung.
Rechts in die Kurve, wie uns das freut, mit Gas, denn wir sind jung.

Mit meiner roten Vespa, da mach ich jedes Girl klar.
Mit meiner roten Vespa, da mach ich jedes Girl klar.
Mit meiner roten Vespa.

© Verlag an der Ruhr | Autor: Ralf Glück
Kreis-Schmuck: © Jan Engel – stock.adobe.com | www.verlagruhr.de

07. Fußball-Zeit

Mobilisation	●●●●●
Koordination	●●●●●
Kräftigung	●●●●○
Ausdauer	●●●●●
Sturzprophylaxe Sitzen	●●●●○
Sturzprophylaxe Stehen	●●●●●

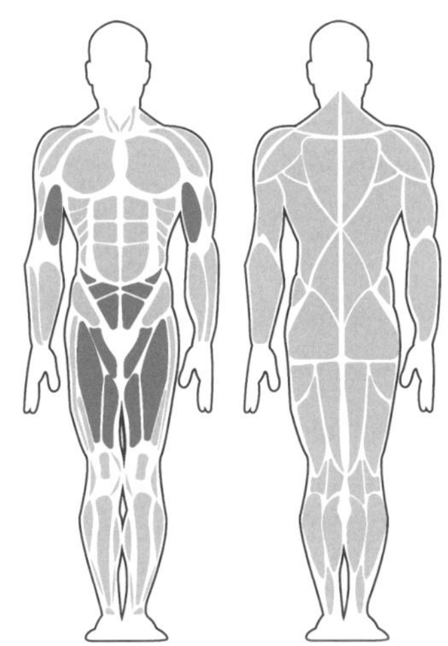

WIRKUNG

- Mobilisation der Beine
- Koordination der Beine
- Kräftigung der Oberschenkelmuskulatur und der Adduktoren

EINSTIEG

Das samstägliche Fußballspiel verpasst keine*r von uns. Als richtige Fußballprofis dribbeln auch wir den*die Gegner*in gekonnt aus.

DIE BEWEGUNGEN AUF EINEN BLICK

Liedtext	Bewegungen
Wir wolln das Fußballspiel heut sehn und schunkeln hin und her. Wir wollen alle feiern gehn, drum kommen wir heut her, hierher.	**Wir schunkeln zur Musik.**
Wir lieben Fußball und jeden Samstag, da laufen wir ganz sportlich in das Stadion ein. Wir dribbeln warm uns an jedem Samstag, da kicken wir ganz lässig mit dem linken Bein. Wir kicken rechts jetzt, wir dribbeln links dann. Den Gegenspieler lass ich stehn. Mein Schuss geht rein in das linke Eck und jeder jubelt, ist das schön.	Wir laufen lässig am Platz und kicken im Wechsel mit dem linken und rechten Bein.
Wir hängen uns zum Feiern ein und schunkeln hin und her. Das Tor, das muss gefeiert sein, das Feiern fällt nicht schwer, nicht schwer.	**Wir schunkeln zur Musik.**
Gleich nach dem Anstoß geht es flott weiter, da laufen wir ganz sportlich in den Strafraum ein. Wir dribbeln links aus und dribbeln rechts aus. Wir kicken dann ganz lässig mit dem rechten Bein. Wir kicken links raus, wir dribbeln rechts dann.	Wir laufen lässig am Platz und kicken im Wechsel mit dem linken und rechten Bein.

07. Fußball-Zeit

Liedtext	Bewegungen
Den Gegenspieler lass ich stehn. Mein Schuss geht rein in das linke Eck und jeder jubelt, ist das schön.	
Wir hängen uns zum Feiern ein und schunkeln hin und her …	**Wir schunkeln zur Musik.**
Auch nach der Halbzeit machen wir weiter, da laufen wir ganz sportlich auf den Rasen drauf. Wir dribbeln links aus, wir dribbeln rechts aus und kicken dann ganz lässig mit dem linken Bein. Wir kicken rechts jetzt, wir dribbeln links dann. Den Gegenspieler lass ich stehn. Mein Schuss geht rein in das linke Eck und alles jubelt, ist das schön. (Wdh.)	Wir laufen lässig am Platz und kicken im Wechsel mit dem linken und rechten Bein.

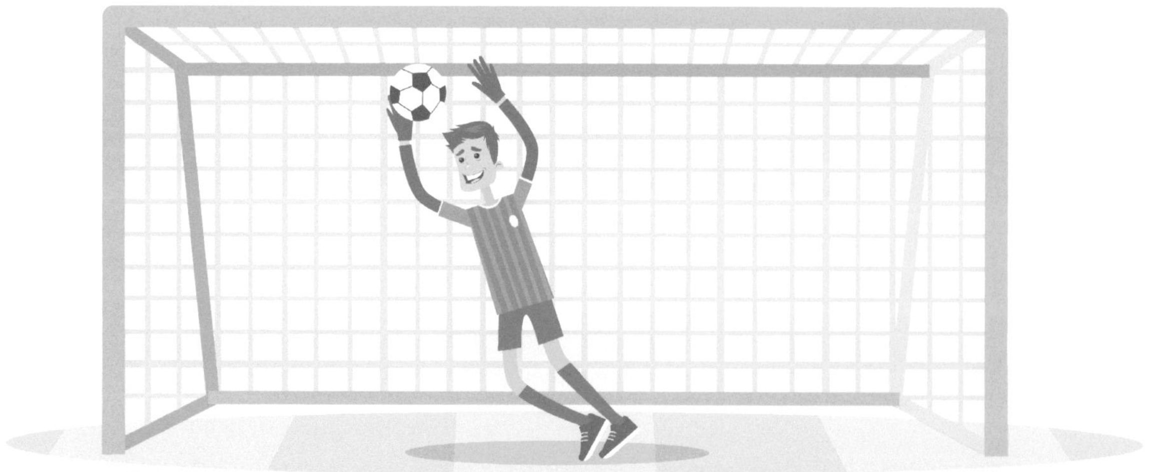

© Inspiring – Shutterstock.com

Fußball-Zeit

Text, Musik und Gesang: Ralf Gabriel

50´s Dixie: 139

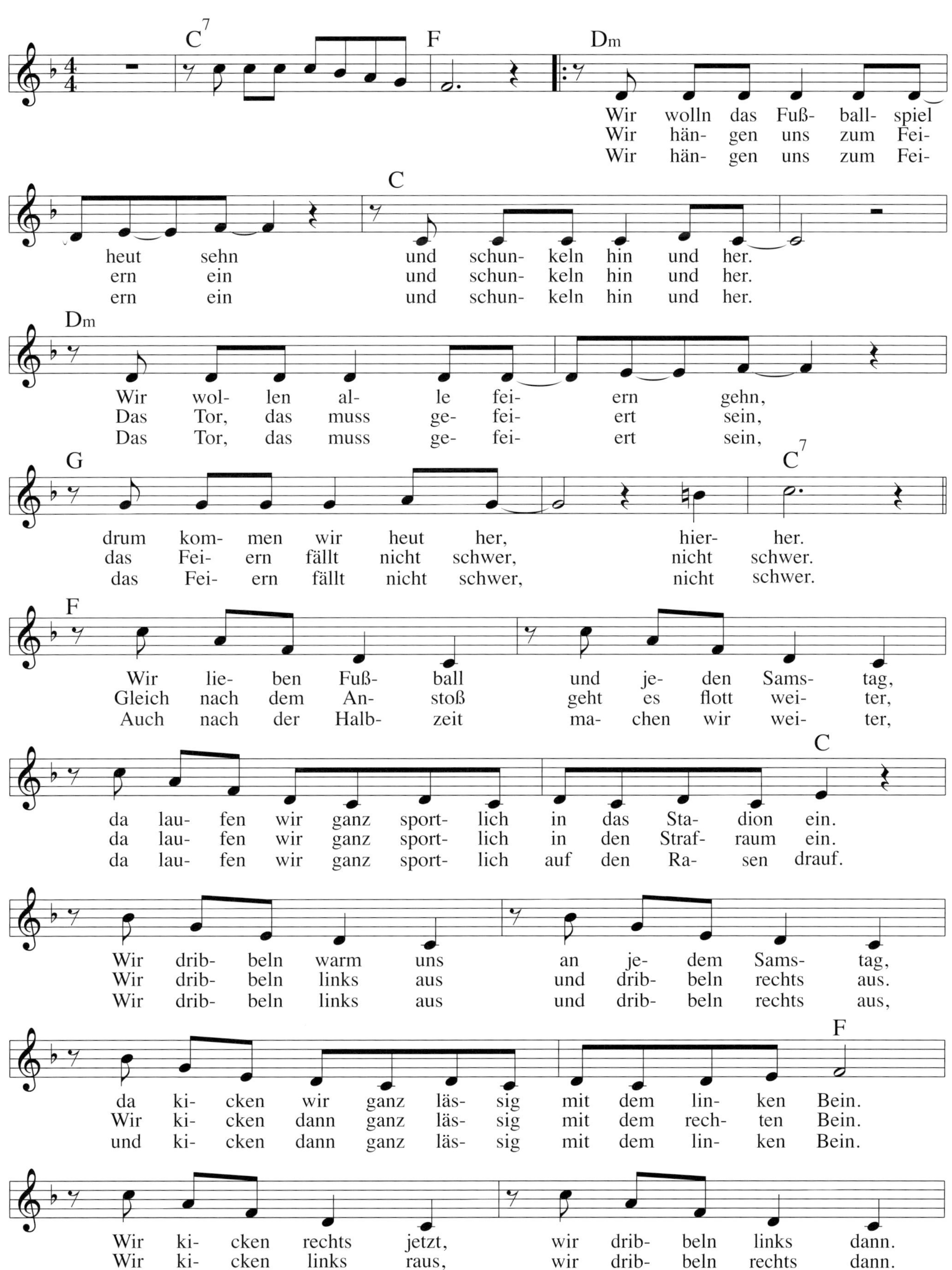

© Verlag an der Ruhr | Autor: Ralf Glück
Kreis-Schmuck: © Jan Engel – stock.adobe.com | www.verlagruhr.de

Fußball-Zeit

50´s Dixie: 139

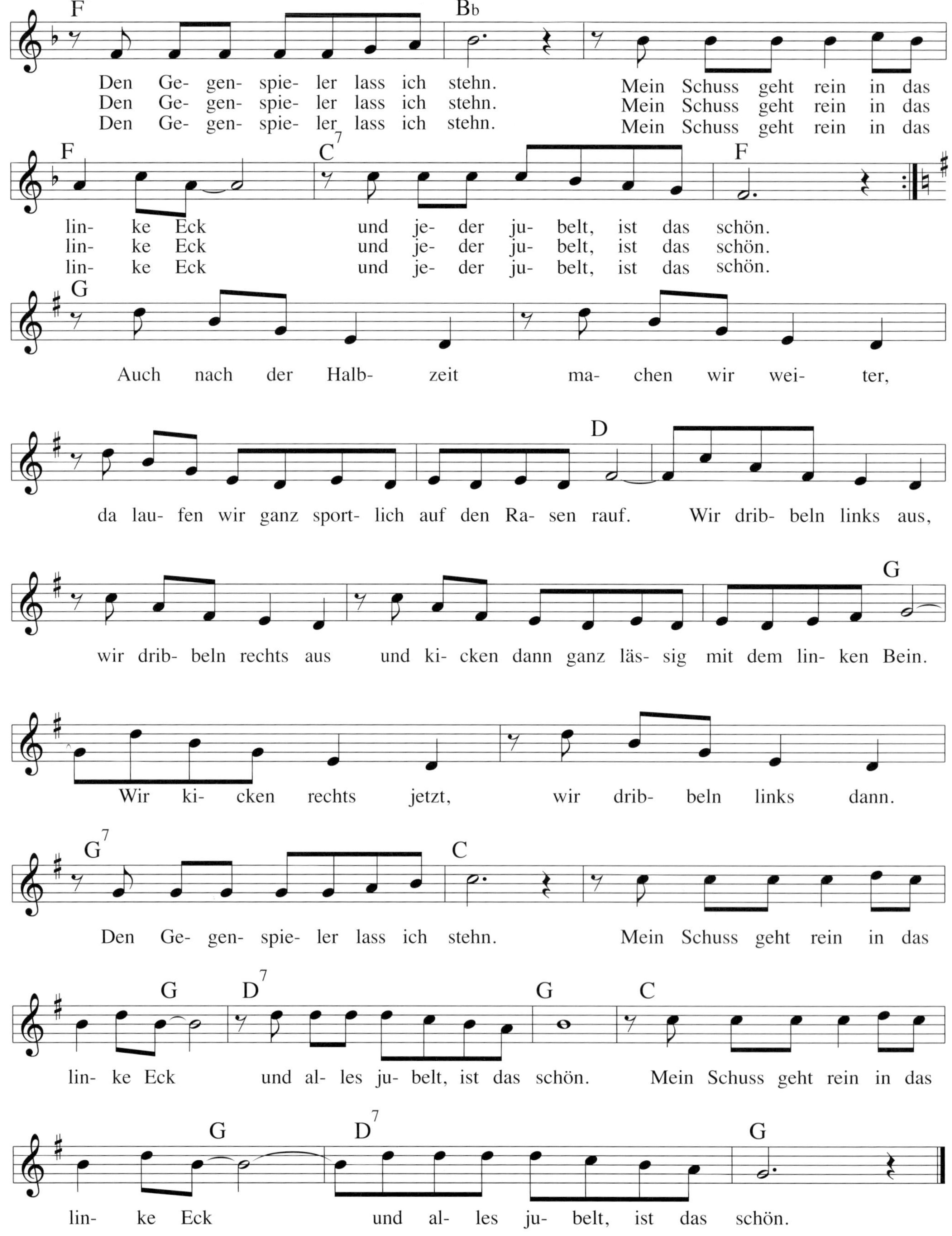

© Verlag an der Ruhr | Autor: Ralf Glück | www.verlagruhr.de
Kreis-Schmuck: © Jan Engel – stock.adobe.com

Liedtext zu „Fußball-Zeit“

Wir wolln das Fußballspiel heut sehn und schunkeln hin und her.
Wir wollen alle feiern gehn, drum kommen wir heut her, hierher.

Wir lieben Fußball und jeden Samstag,
da laufen wir ganz sportlich in das Stadion ein.
Wir dribbeln warm uns an jedem Samstag,
da kicken wir ganz lässig mit dem linken Bein.
Wir kicken rechts jetzt, wir dribbeln links dann.
Den Gegenspieler lass ich stehn.
Mein Schuss geht rein in das linke Eck und jeder jubelt, ist das schön.

Wir hängen uns zum Feiern ein und schunkeln hin und her.
Das Tor, das muss gefeiert sein, das Feiern fällt nicht schwer,
nicht schwer.

Gleich nach dem Anstoß geht es flott weiter,
da laufen wir ganz sportlich in den Strafraum ein.
Wir dribbeln links aus und dribbeln rechts aus.
Wir kicken dann ganz lässig mit dem rechten Bein.
Wir kicken links raus, wir dribbeln rechts dann.
Den Gegenspieler lass ich stehn.
Mein Schuss geht rein in das linke Eck und jeder jubelt, ist das schön.

Wir hängen uns zum Feiern ein und schunkeln hin und her
Das Tor, das muss gefeiert sein, das Feiern fällt nicht schwer,
nicht schwer.

Auch nach der Halbzeit machen wir weiter,
da laufen wir ganz sportlich auf den Rasen drauf.
Wir dribbeln links aus und dribbeln rechts aus
und kicken dann ganz lässig mit dem linken Bein.
Wir kicken rechts jetzt, wir dribbeln links dann.
Den Gegenspieler lass ich stehn.
Mein Schuss geht rein in das linke Eck und jeder jubelt, ist das schön. (Wdh.)

© Verlag an der Ruhr | Autor: Ralf Glück
Kreis-Schmuck: © Jan Engel – stock.adobe.com | www.verlagruhr.de

08. Hüftcalypso in der Tanzstunde

Mobilisation	●●●●○
Koordination	●●●●○
Kräftigung	●●●○○
Ausdauer	●●●○○
Sturzprophylaxe Sitzen	●●●○○
Sturzprophylaxe Stehen	●●●●●

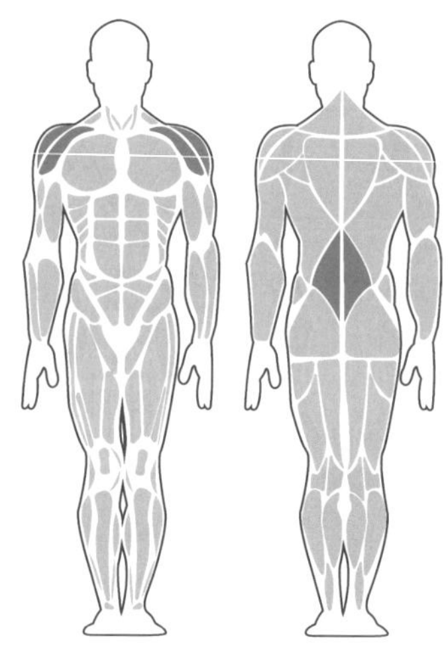

WIRKUNG

- Mobilisation der Hüfte und der Lendenwirbelsäule
- statischer Muskelaufbau des Schultergürtels

EINSTIEG

In unserer Tanzstunde in der Stadt lernen wir heute den Calypso kennen.
Dieser Sitztanz macht Spaß und fördert die Bewegung aus der Hüfte heraus.

DIE BEWEGUNGEN AUF EINEN BLICK

Liedtext	Bewegungen
Heute geht es in die Stadt zu unserm Tanzkurs. Hüften wir kreisen. Heute, heiße Rhythmen lernen wir im Tanzkurs. Körper bewegen sich mit.	Wir bewegen uns frei zur Musik und kreisen mit den Hüften.
Rechtsherum drehen die Hüften galant. Arme, die schweben im Takt. Linksherum drehen die Hüften mit Schwung. Ja, das macht Spaß und hält jung.	**Wir kreisen rechtsherum mit unserer Hüfte. Wir kreisen linksherum mit unserer Hüfte.**
Tanzen, Körper wirbeln wild herum beim Tanzen. Hüften, sie kreisen. Tanzen, unsre Körper schütteln sich beim Tanzen. Hüften bewegen sich mit.	Wir bewegen uns frei zur Musik und bewegen dabei die Arme, Hüften oder Beine.
Refrain	**Durchführung wie beim 1. Refrain**
Tanzen, unsre Arme fühln sich frei beim Tanzen. Hüften wir kreisen. Tanzen, Arme schwingen mit im Takt beim Tanzen. Hüften bewegen sich mit.	Wir bewegen uns frei zur Musik und bewegen dabei die Arme, Hüften oder Beine.
Rechtsherum drehen die Hüften galant. Arme, sie schweben im Takt. Linksherum drehen die Hüften mit Schwung. Ja, das macht Spaß, ja, das macht Spaß, ja, das macht Spaß und hält jung.	**Durchführung wie beim 1. Refrain**

Hüftcalypso in der Tanzstunde

Text, Musik und Gesang: Ralf Gabriel,
Chorgesang: Carola Maria, Katharina Luisa und Verena

Calypso: 112

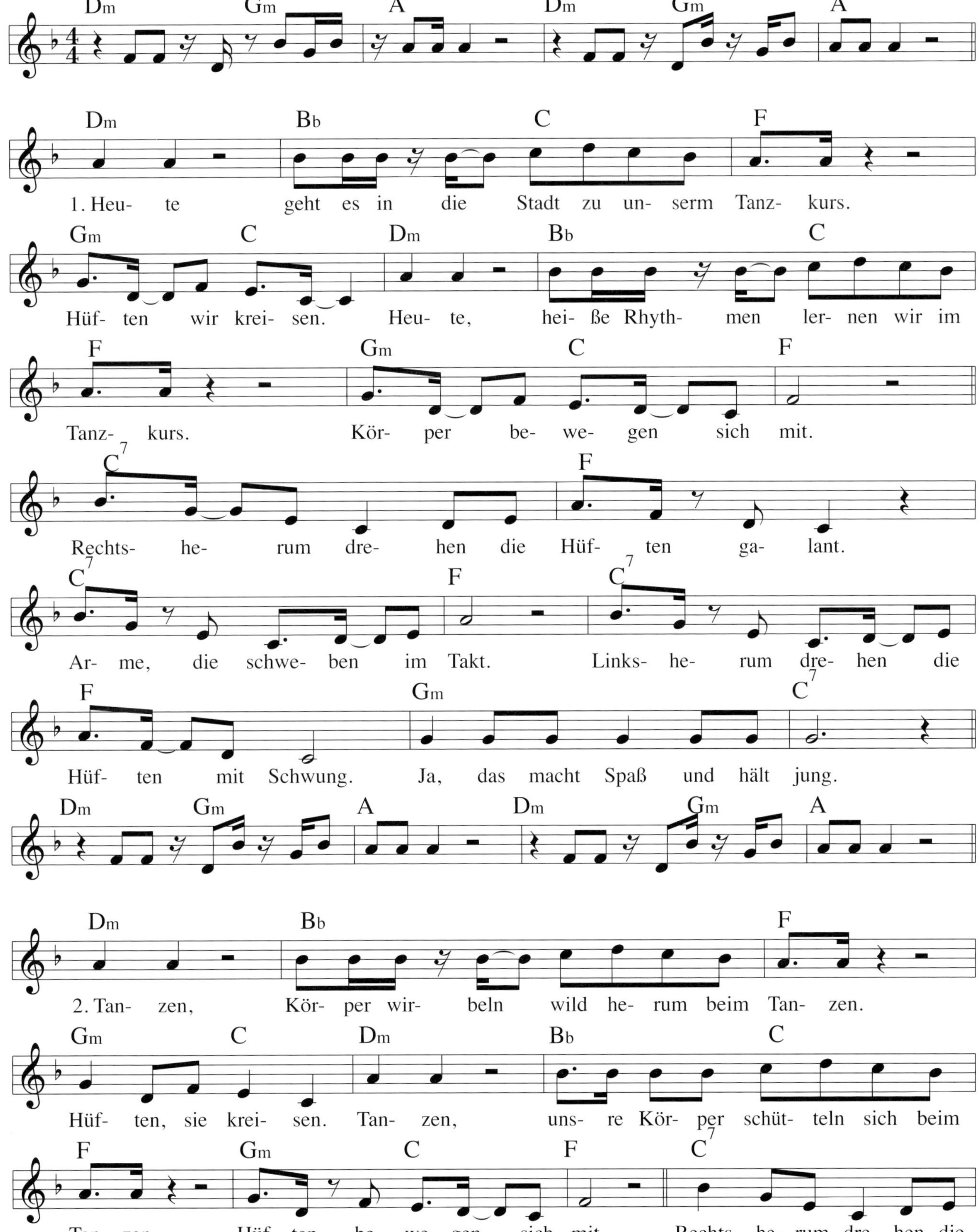

© Verlag an der Ruhr | Autor: Ralf Glück
Kreis-Schmuck: © Jan Engel – stock.adobe.com | www.verlagruhr.de

Hüftcalypso in der Tanzstunde

Calypso: 112

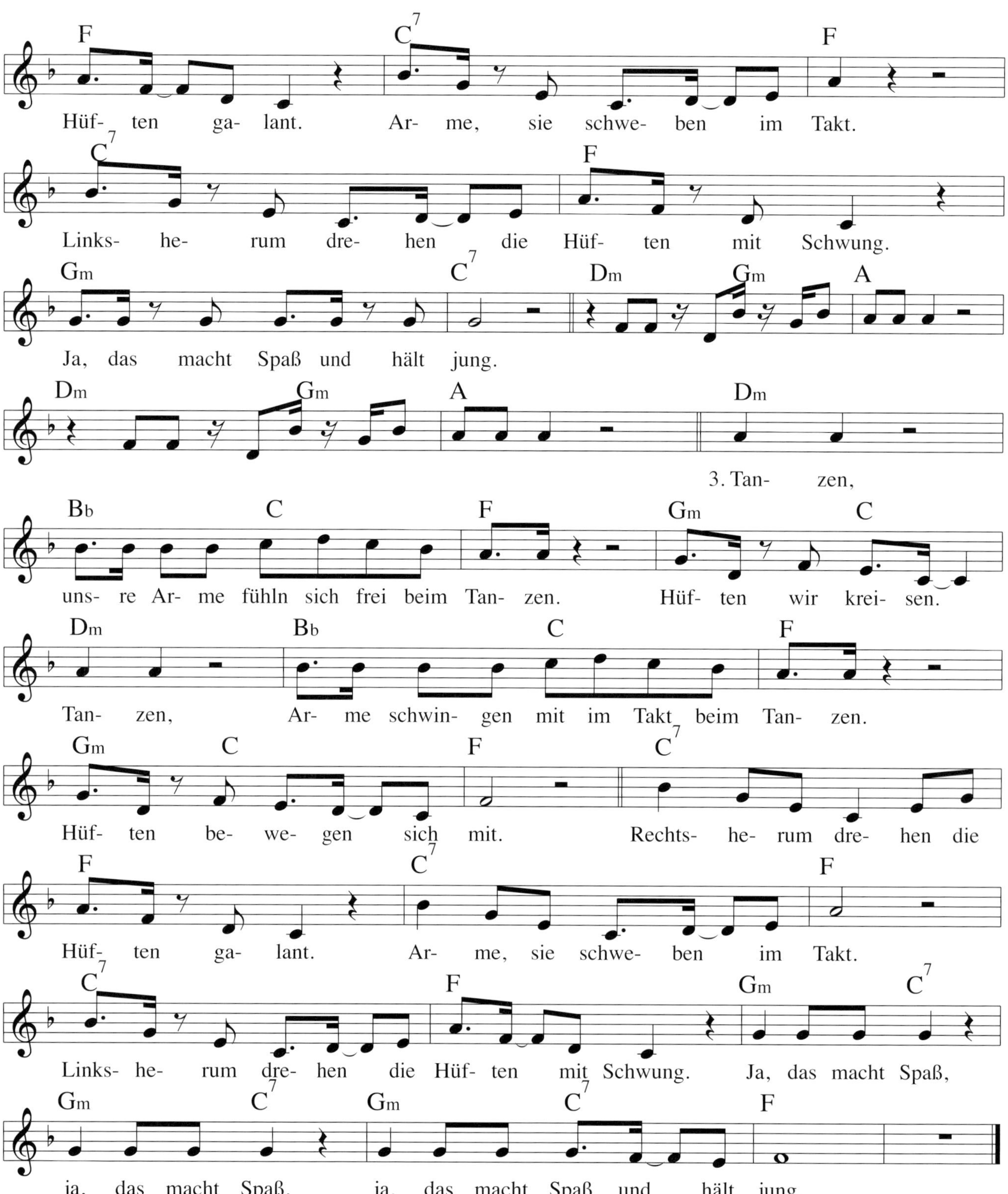

© Verlag an der Ruhr | Autor: Ralf Glück
Kreis-Schmuck: © Jan Engel – stock.adobe.com | www.verlagruhr.de

Liedtext zu „Hüftcalypso in der Tanzstunde“

Heute geht es in die Stadt zu unserm Tanzkurs.
Hüften wir kreisen.
Heute, heiße Rhythmen lernen wir im Tanzkurs.
Körper bewegen sich mit.

Rechtsherum drehen die Hüften galant.
Arme, die schweben im Takt.
Linksherum drehen die Hüften mit Schwung.
Ja, das macht Spaß und hält jung.

Tanzen, Körper wirbeln wild herum beim Tanzen.
Hüften, sie kreisen.
Tanzen, unsre Körper schütteln sich beim Tanzen.
Hüften bewegen sich mit.

Rechtsherum drehen die Hüften galant.
Arme, sie schweben im Takt.
Linksherum drehen die Hüften mit Schwung.
Ja, da macht jeder gern mit.

Tanzen, unsre Arme fühln sich frei beim Tanzen.
Hüften wir kreisen.
Tanzen, Arme schwingen mit im Takt beim Tanzen.
Hüften bewegen sich mit.

Rechtsherum drehen die Hüften galant.
Arme, sie schweben im Takt.
Linksherum drehen die Hüften mit Schwung.
Ja, das macht Spaß, ja, das macht Spaß,
ja, das macht Spaß und hält jung.

© Verlag an der Ruhr | Autor: Ralf Glück
Kreis-Schmuck: © Jan Engel – stock.adobe.com | www.verlagruhr.de

09. Disco-Beat

Mobilisation	●●●●●
Koordination	●●●●●
Kräftigung	●●●○○
Ausdauer	●●●●○
Sturzprophylaxe Sitzen	●●●●○
Sturzprophylaxe Stehen	●●●●●

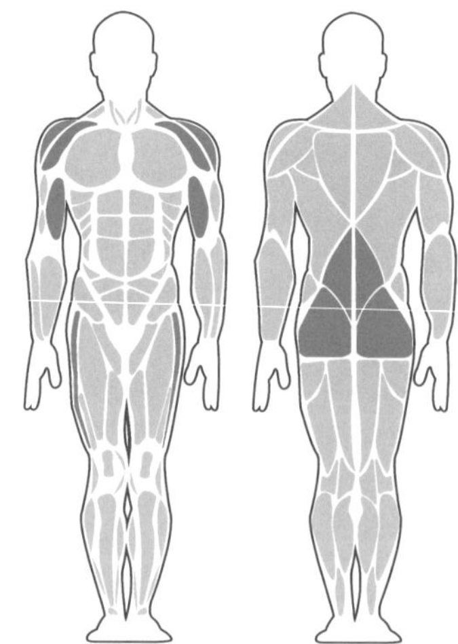

WIRKUNG

- Mobilisation der Lendenwirbelsäule und der Hüfte
- Kräftigung der Abduktoren

EINSTIEG

Samstagabend ist die Jugend unterwegs in die Disco. Der Disco-Beat als Sitztanz ist einfach zu tanzen. Wir tippen im Wechsel 2-mal mit dem rechten/linken Fuß auf den Boden.

DIE BEWEGUNGEN AUF EINEN BLICK

Liedtext	Bewegungen
Es war Samstag, wir gingen gern fort in die Disco, das war unser Ort. Wir tanzten links, links, rechts, rechts, links, links, rechts, so ging der Beat. Unsere Beine, die gingen im Takt, mal links, mal rechts, sie machten nie schlapp. Wir tanzten links, links, rechts, rechts, links, links, rechts zum Disco-Beat.	Tänzerisch tippen wir mit den Füßen im Wechsel jeweils 2-mal links und 2-mal rechts auf den Boden.
Komm, klatsch mit mir zum Disco-Beat. Wir denken an die Zeiten, wo der Beat war für uns der Hit, das warn die besten Zeiten.	**Wir klatschen über die Körpermitte zur Musik.**
Es war Samstag, da mussten wir fort in die Disco, das war unser Ort. Wir tanzten links, links, rechts, rechts, links, links, rechts, so ging der Beat. Unsere Beine, die tippten im Takt, mal links, mal rechts, sie machten nie schlapp. Wir tanzten links, links, rechts, rechts, links, links, rechts zum Disco-Beat.	Tänzerisch tippen wir mit den Füßen im Wechsel jeweils 2-mal links und 2-mal rechts auf den Boden.
Refrain	**Wir klatschen über die Körpermitte zur Musik.**
Es war Samstag und jeder war da in der Disco, weil's angesagt war. Wir tanzten links, links, rechts, rechts, links, links, rechts, so ging der Beat. Unsere Beine, sie tanzten im Takt, mal links, mal rechts, sie machten nie schlapp. Wir tanzten links, links, rechts, rechts, links, links, rechts zum Disco-Beat.	Tänzerisch tippen wir mit den Füßen im Wechsel jeweils 2-mal links und 2-mal rechts auf den Boden.
Refrain	**Wir klatschen über die Körpermitte zur Musik.**

Disco-Beat

Text, Musik und Gesang: Ralf Gabriel, **Chorgesang:** Carola Maria

Disco-Pop: 120

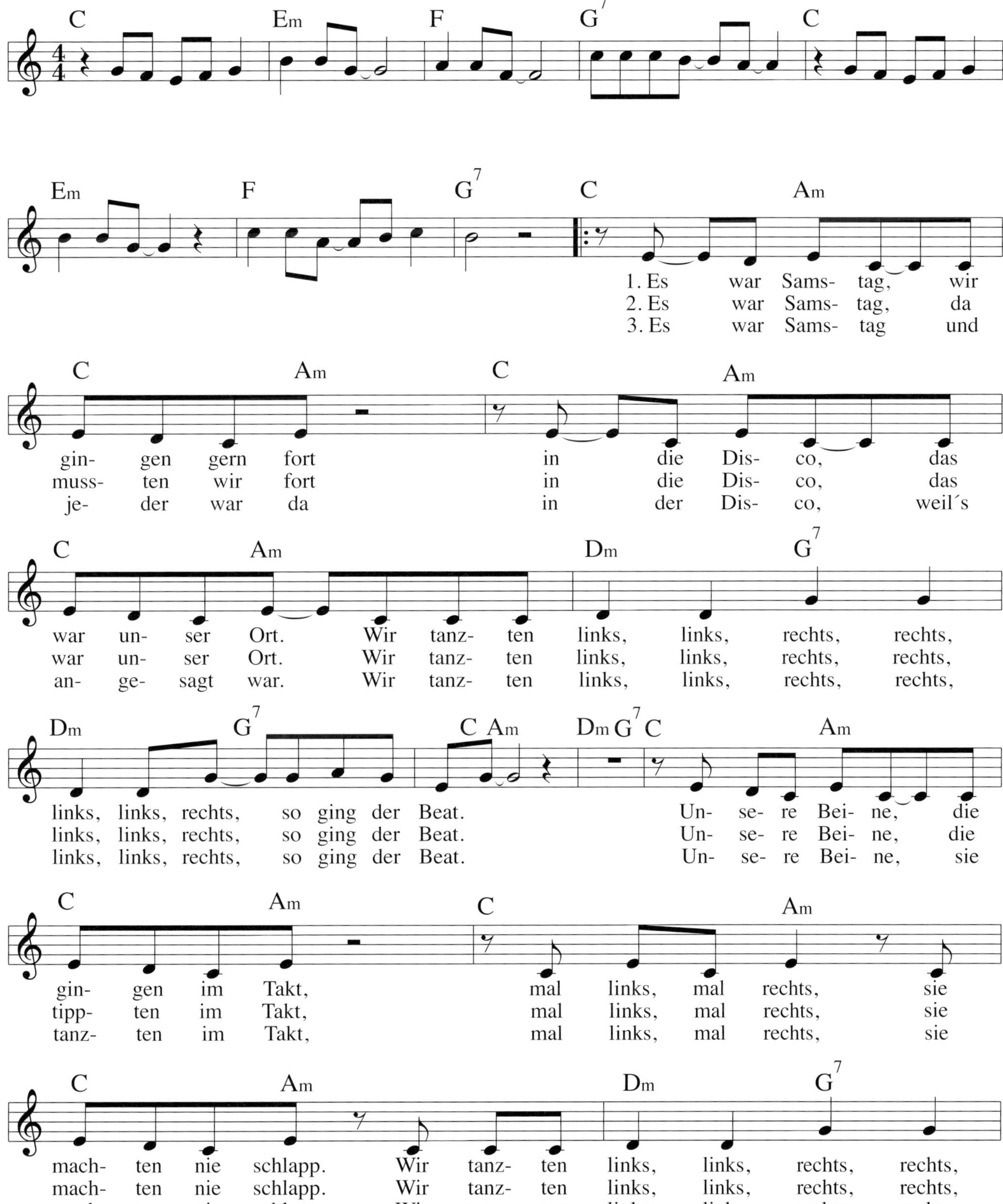

© Verlag an der Ruhr | Autor: Ralf Glück
Kreis-Schmuck: © Jan Engel – stock.adobe.com | www.verlagruhr.de

Disco-Beat

Disco-Pop: 120

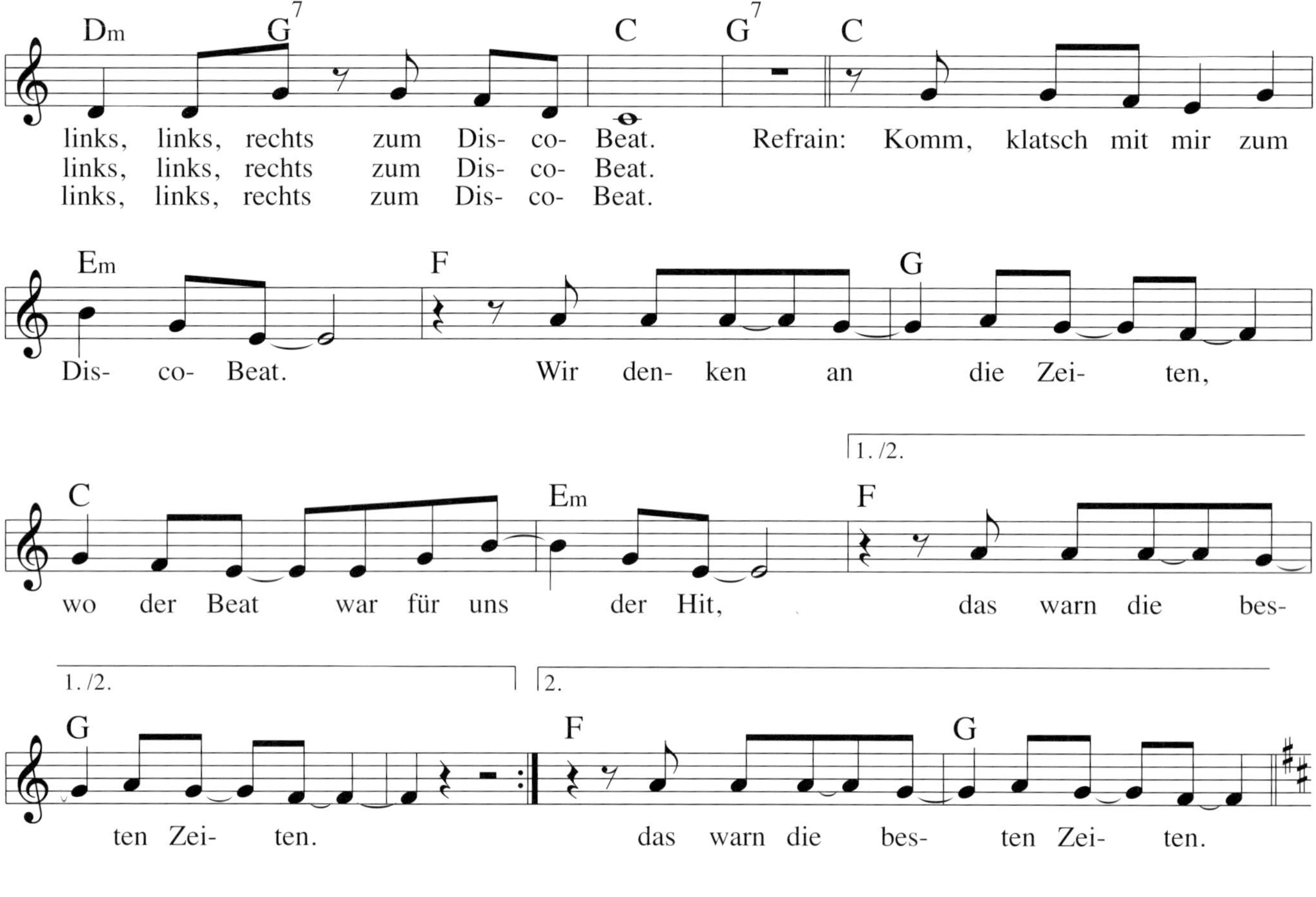

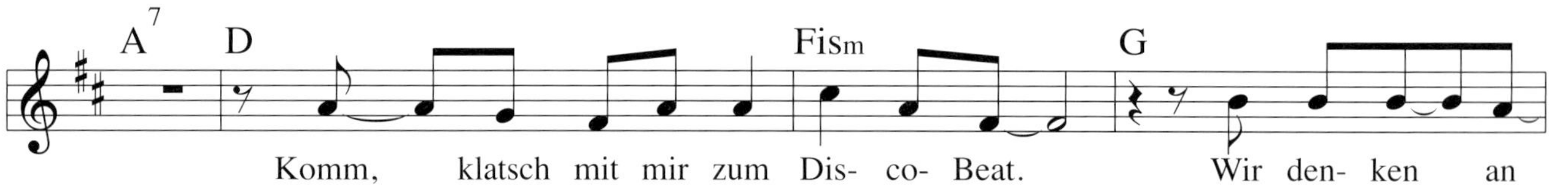

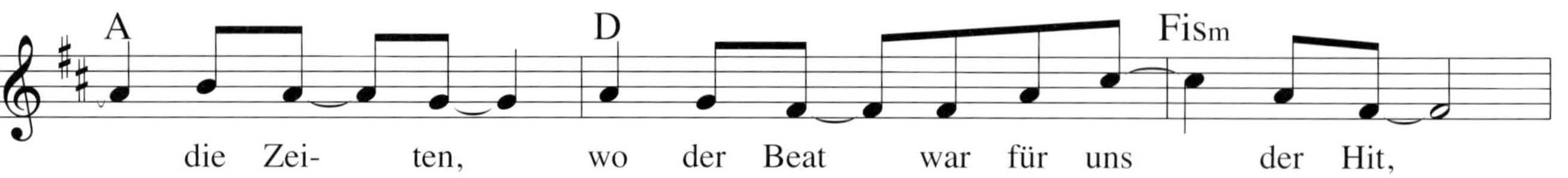

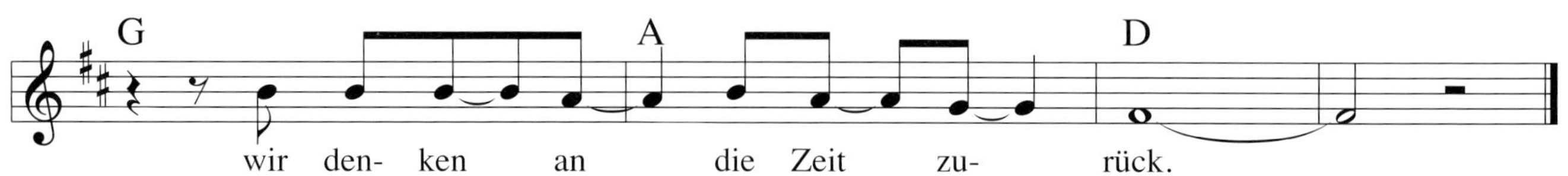

© Verlag an der Ruhr | Autor: Ralf Glück
Kreis-Schmuck: © Jan Engel – stock.adobe.com | www.verlagruhr.de

Liedtext zu „Disco-Beat"

Es war Samstag, wir gingen gern fort
in die Disco, das war unser Ort.
Wir tanzten links, links, rechts, rechts,
links, links, rechts, so ging der Beat.
Unsere Beine, die gingen im Takt,
mal links, mal rechts, sie machten nie schlapp.
Wir tanzten links, links, rechts, rechts,
links, links, rechts zum Disco-Beat.

Komm, klatsch mit mir zum Disco-Beat.
Wir denken an die Zeiten,
wo der Beat war für uns der Hit,
das warn die besten Zeiten.

Es war Samstag, da mussten wir fort
in die Disco, das war unser Ort.
Wir tanzten links, links, rechts, rechts,
links, links, rechts, so ging der Beat.
Unsere Beine, die tippten im Takt,
mal links, mal rechts, sie machten nie schlapp.
Wir tanzten links, links, rechts, rechts,
links, links, rechts zum Disco-Beat.

Refrain

Es war Samstag und jeder war da
in der Disco, weil's angesagt war.
Wir tanzten links, links, rechts, rechts,
links, links, rechts, so ging der Beat.
Unsere Beine, sie tanzten im Takt,
mal links, mal rechts, sie machten nie schlapp.
Wir tanzten links, links, rechts, rechts,
links, links, rechts zum Disco-Beat.

Refrain

© Verlag an der Ruhr | Autor: Ralf Glück | www.verlagruhr.de
Kreis-Schmuck: © Jan Engel – stock.adobe.com

10. Omas Fingertango

Mobilisation	●●○○○
Koordination	●●●●○
Kräftigung	●●○○○
Ausdauer	●○○○○
Sturzprophylaxe Sitzen	●○○○○
Sturzprophylaxe Stehen	●○○○○

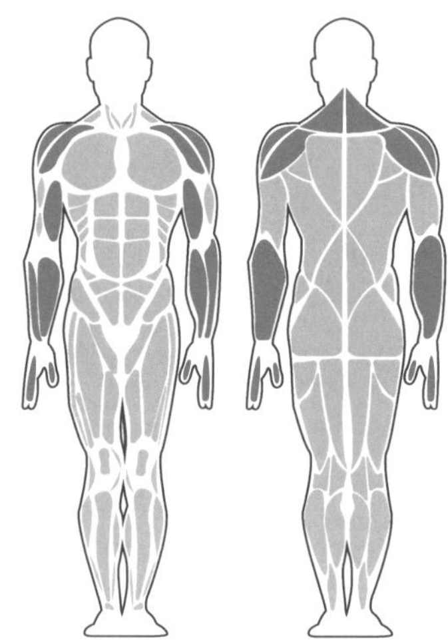

WIRKUNG

- hohe Mobilisation der Arm- und Handgelenke
- Koordination von Armen und Händen

EINSTIEG

Unsere Oma ist sehr erfinderisch und hat den Fingertango erfunden, den sie gerne zusammen mit ihrer Enkelin tanzt.

DIE BEWEGUNGEN AUF EINEN BLICK

Liedtext	Bewegungen
Die Oma tanzt bei Kerzenschein, macht Fingertänze meist allein. Auch ich tanz gern den Fingertango mit, den Fingertango mit.	**Wir bewegen uns frei zur Musik.**
Ihre Armgelenke drehen sich nach vorn im Kreis. Ich mach mit, denn die Bewegung find ich ganz schön heiß. Dreh die Armgelenke jetzt nach hinten ganz galant. Meine Oma macht das elegant.	Wir drehen die Armgelenke nach vorn im Kreis. Wir wechseln die Richtung.
Die Oma tanzt bei Kerzenschein …	**Wir lockern uns und bewegen uns frei zur Musik.**
Ihre Finger klappen auf, sie klappen auf und zu. Ich mach mit, denn die Bewegung lässt mir keine Ruh. Ihre Finger klappen auf und zu und das galant. Meine Oma macht das elegant.	Wir öffnen und schließen die Hände im Takt zur Musik. Wir strecken die Finger beim Öffnen der Hand.
Die Oma tanzt bei Kerzenschein …	**Wir lockern uns und bewegen uns frei zur Musik.**
Ihre Daumen drehen sich, sie kreisen um sich selbst. Ich mach mit, weil die Bewegung mir so gut gefällt. Ihre Daumen drehen sich, sie drehen ganz galant. Meine Oma macht das elegant.	Wir verschränken die Hände und lassen die Daumen um sich selbst kreisen.
Die Oma tanzt bei Kerzenschein, macht Fingertänze meist allein. Auch ich tanz gern den Fingertango – mit.	**Wir lockern uns und bewegen uns frei zur Musik.**

Omas Fingertango

Text und Musik: Ralf Gabriel, **Gesang:** Carola Maria

Tango: 130

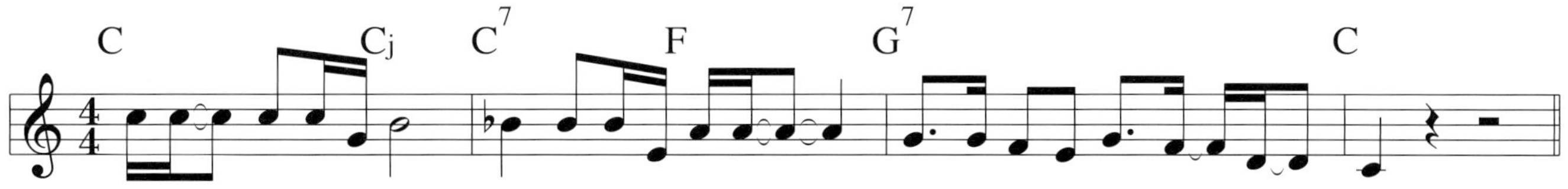

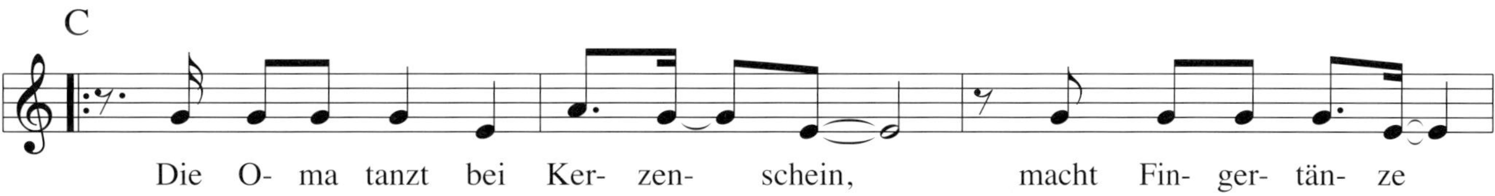

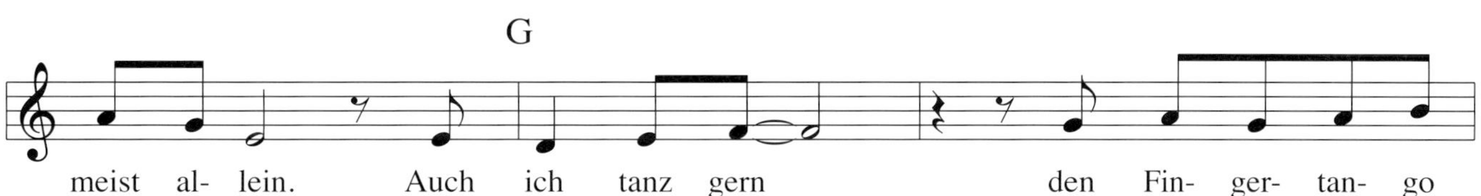

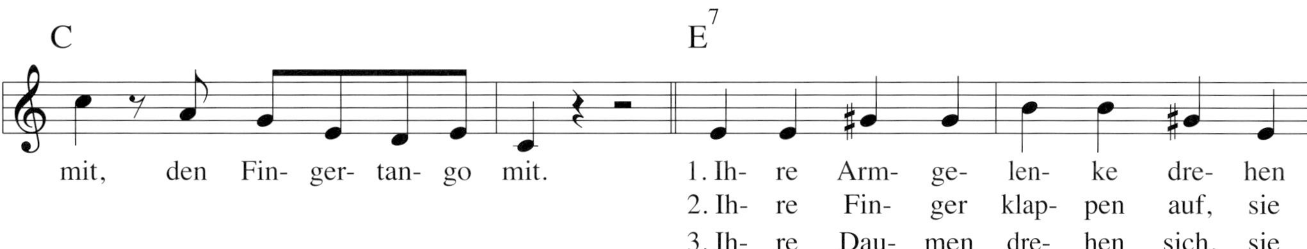

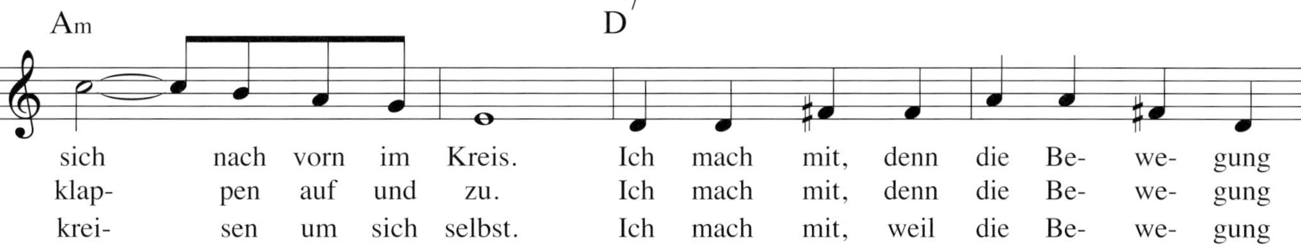

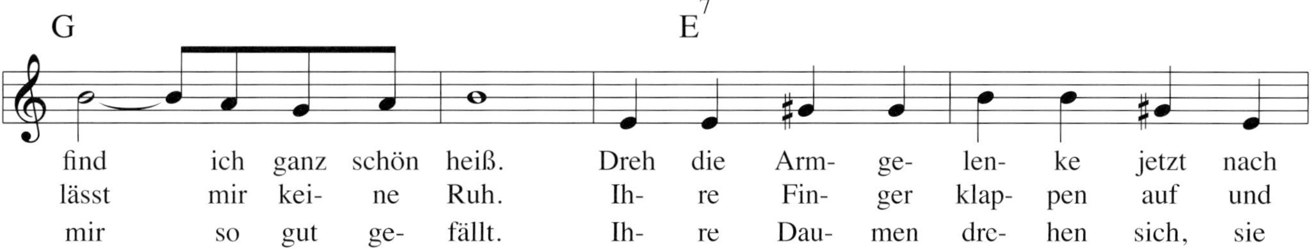

© Verlag an der Ruhr | Autor: Ralf Glück
Kreis-Schmuck: © Jan Engel – stock.adobe.com | www.verlagruhr.de

Omas Fingertango

Tango: 130

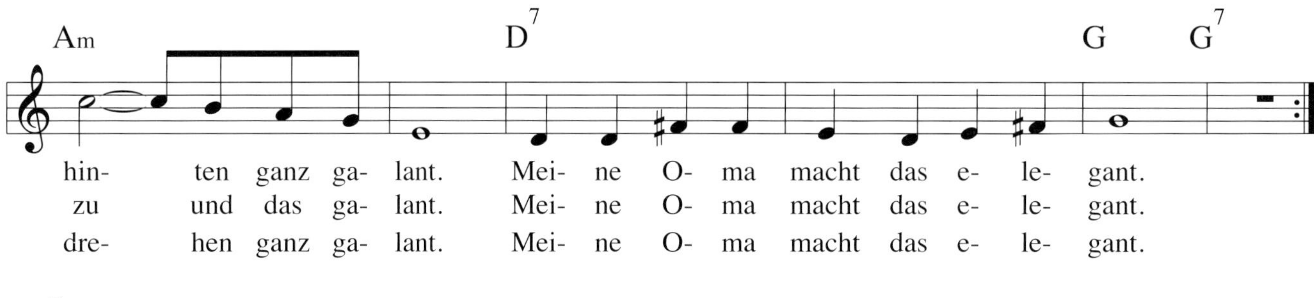

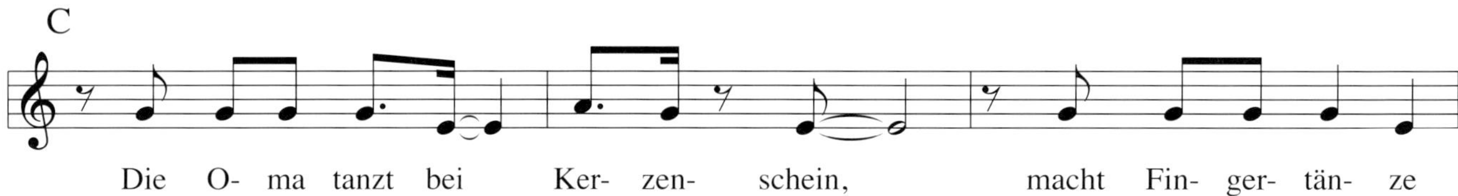

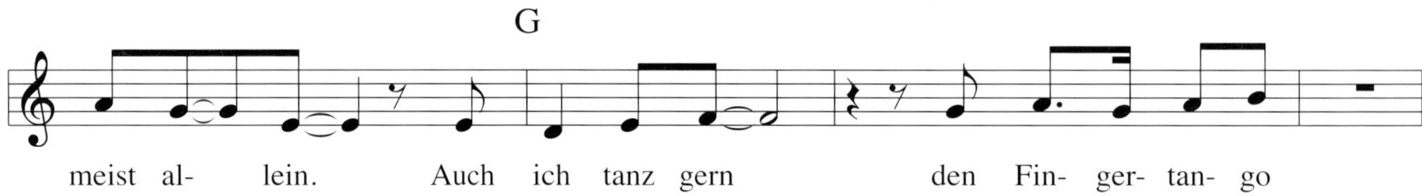

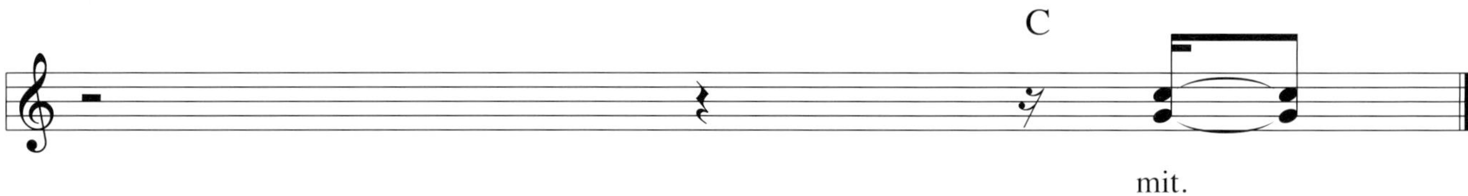

© Verlag an der Ruhr | Autor: Ralf Glück
Kreis-Schmuck: © Jan Engel – stock.adobe.com | www.verlagruhr.de

Liedtext zu „Omas Fingertango“

**Die Oma tanzt bei Kerzenschein,
macht Fingertänze meist allein.
Auch ich tanz gern den Fingertango mit,
den Fingertango mit.**

Ihre Armgelenke drehen sich nach vorn im Kreis.
Ich mach mit, denn die Bewegung find ich ganz schön heiß.
Dreh die Armgelenke jetzt nach hinten ganz galant.
Meine Oma macht das elegant.

**Die Oma tanzt bei Kerzenschein,
macht Fingertänze meist allein.
Auch ich tanz gern den Fingertango mit,
den Fingertango mit.**

Ihre Finger klappen auf, sie klappen auf und zu.
Ich mach mit, denn die Bewegung lässt mir keine Ruh.
Ihre Finger klappen auf und zu und das galant.
Meine Oma macht das elegant.

**Die Oma tanzt bei Kerzenschein,
macht Fingertänze meist allein.
Auch ich tanz gern den Fingertango mit,
den Fingertango mit.**

Ihre Daumen drehen sich, sie kreisen um sich selbst.
Ich mach mit, weil die Bewegung mir so gut gefällt.
Ihre Daumen drehen sich, sie drehen ganz galant.
Meine Oma macht das elegant.

**Die Oma tanzt bei Kerzenschein,
macht Fingertänze meist allein.
Auch ich tanz gern den Fingertango – mit.**

© Verlag an der Ruhr | Autor: Ralf Glück
Kreis-Schmuck: © Jan Engel – stock.adobe.com | www.verlagruhr.de

11. Die Hände nach oben

Mobilisation	● ● ● ● ○
Koordination	● ● ● ● ○
Kräftigung	● ● ● ● ○
Ausdauer	● ● ● ● ○
Sturzprophylaxe Sitzen	● ● ● ○ ○
Sturzprophylaxe Stehen	● ● ● ● ●

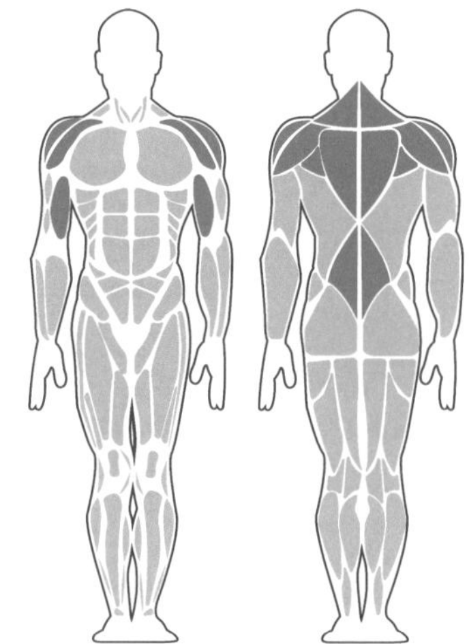

WIRKUNG

- dynamische Kräftigung des Schultergürtels
- Kräftigung der Lendenwirbelsäulenmuskulatur

EINSTIEG

Auf der Schulabschlussfahrt geht es hoch her. Die Stimmung ist super. Wir singen, tanzen, klatschen zur Musik und winken mit den Armen. Ein Sitztanz, der einfach Spaß macht!

DIE BEWEGUNGEN AUF EINEN BLICK

Liedtext	Bewegungen
Wir ham's geschafft, die Schul vorbei, wir fühln uns endlich wieder frei. Die Abschlussfahrt steht nun bevor, wir singen fröhlich laut im Chor. Jetzt klatschen wir und tanzen wild, die Party geht jetzt richtig los. Hoch die Hände übern Kopf winken wir uns zu.	Wir klatschen zur Musik über die Körpermitte.
Hoch die Hände, von ganz unten geht es in die Höh. Von ganz unten nach ganz oben, jeden möcht ich sehn!	**Wir beugen uns nach vorn, wackeln mit den Händen und bewegen die Arme nach oben über den Kopf.**
Die Hände nach oben, ja, das ist gar nicht schwer, die Hände nach oben, wir winken hin und her.	Wir winken über Kopf mit den Armen hin und her.
Hoch die Hände ...	**wie oben**

Die Hände nach oben

Text, Musik und Gesang: Ralf Gabriel, **Chorgesang:** Carola Maria

Disco: 128

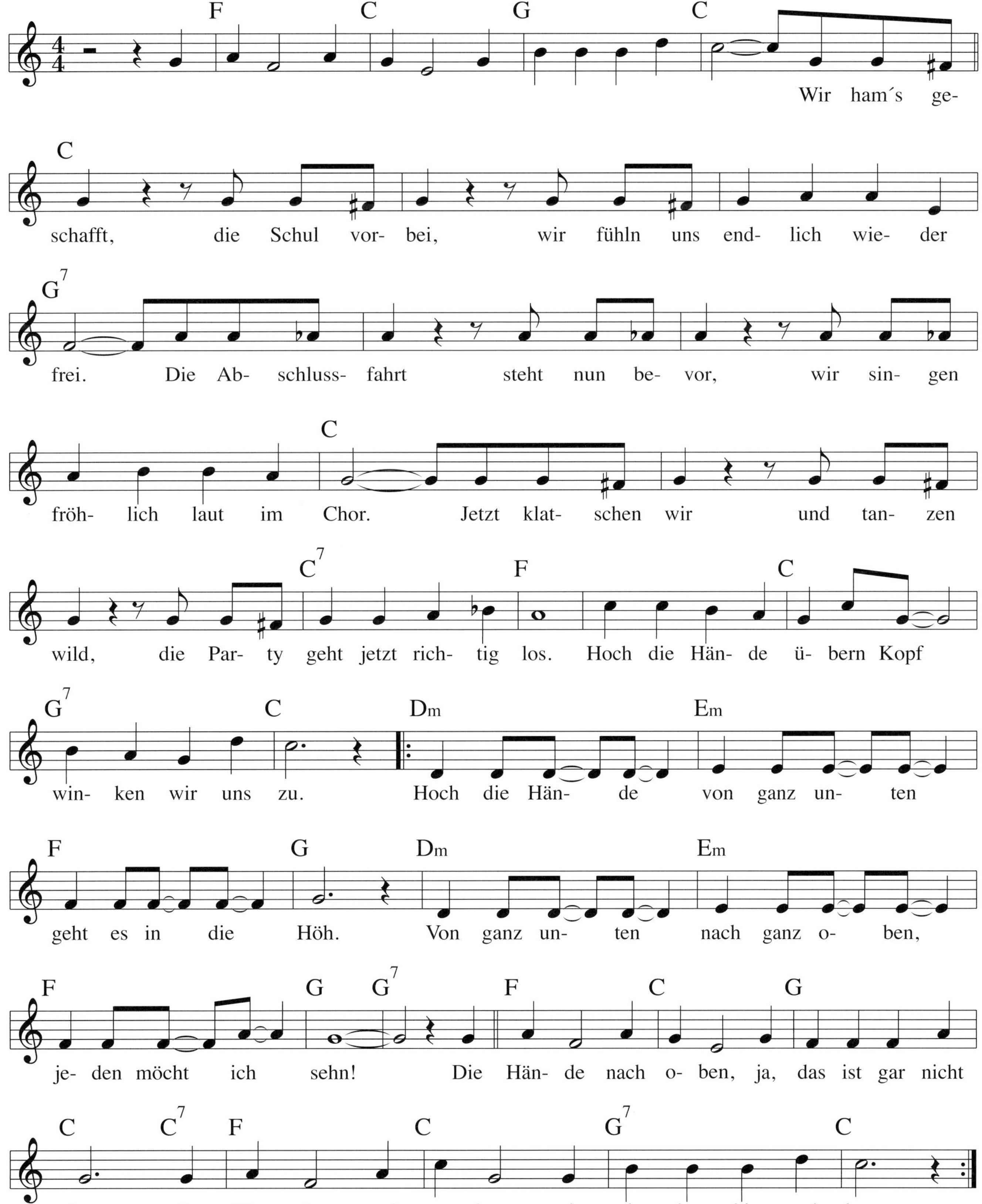

© Verlag an der Ruhr | Autor: Ralf Glück
Kreis-Schmuck: © Jan Engel – stock.adobe.com | www.verlagruhr.de

Die Hände nach oben

Disco: 128

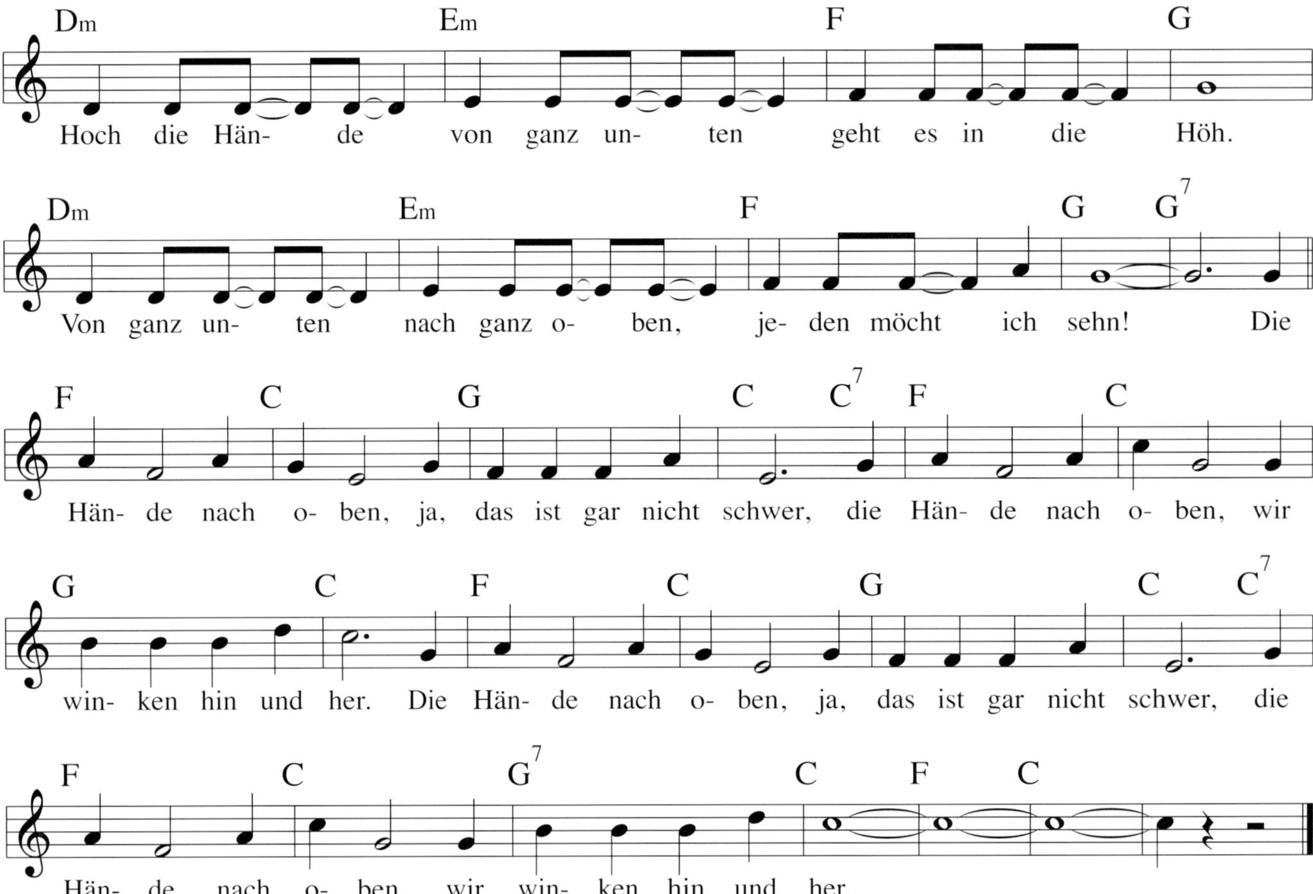

© Verlag an der Ruhr | Autor: Ralf Glück
Kreis-Schmuck: © Jan Engel – stock.adobe.com | www.verlagruhr.de

Liedtext zu „Die Hände nach oben“

Wir ham's geschafft, die Schul vorbei,
wir fühln uns endlich wieder frei.
Die Abschlussfahrt steht nun bevor,
wir singen fröhlich laut im Chor.
Jetzt klatschen wir und tanzen wild,
die Party geht jetzt richtig los.
Hoch die Hände übern Kopf
winken wir uns zu.

Hoch die Hände, von ganz unten geht es in die Höh.
Von ganz unten nach ganz oben, jeden möcht ich sehn!
Die Hände nach oben, ja, das ist gar nicht schwer,
die Hände nach oben, wir winken hin und her.

Hoch die Hände, von ganz unten geht es in die Höh.
Von ganz unten nach ganz oben, jeden möcht ich sehn!
Die Hände nach oben, ja, das ist gar nicht schwer,
die Hände nach oben, wir winken hin und her.

Hoch die Hände, von ganz unten geht es in die Höh.
Von ganz unten nach ganz oben, jeden möcht ich sehn!
Die Hände nach oben, ja, das ist gar nicht schwer,
die Hände nach oben, wir winken hin und her.
Die Hände nach oben, ja, das ist gar nicht schwer,
die Hände nach oben, wir winken hin und her.

© Verlag an der Ruhr | Autor: Ralf Glück | www.verlagruhr.de
Kreis-Schmuck: © Jan Engel – stock.adobe.com

12. Ich umarm die Welt

Mobilisation	●●●○○
Koordination	●●●○○
Kräftigung	●●●○○
Ausdauer	●●●○○
Sturzprophylaxe Sitzen	●●○○○
Sturzprophylaxe Stehen	●●●○○

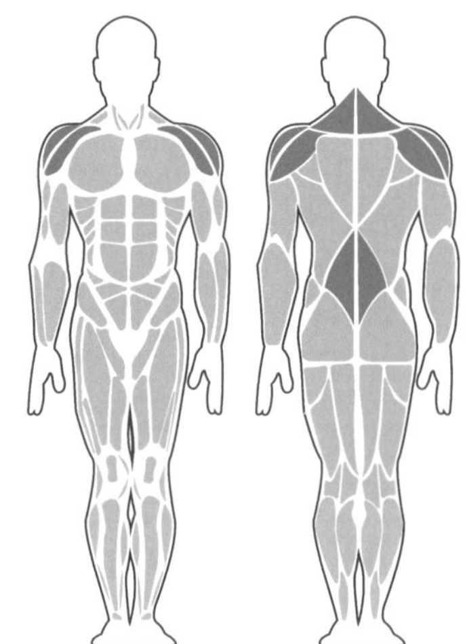

WIRKUNG

- statische und dynamische Kräftigung des Schultergürtels und der Lendenwirbelsäulenmuskulatur

EINSTIEG

Das erste Mal verliebt – wer hat das nicht erlebt? Die ganze Welt liegt einem zu Füßen. In diesem Sitztanz umarmen wir die Welt voller Glück.

DIE BEWEGUNGEN AUF EINEN BLICK

Liedtext	Bewegungen
Ich umarm die Welt, denn du bist da. *Du bist da, bist mir so nah.* Ich umarm die Welt, ein Traum wird wahr. *Dieser Traum wird für mich wahr.* Ich umarm die Welt, denn du bist mein. *Du bist mein, bist endlich mein.* Ich umarm die Welt, gern bin ich dein.	Wir machen die Arme ausladend auf und zu. Wir wiegen uns dabei links und rechts zur Seite.
Deine Augen dunkelblau leuchten tief in mir. Meine Sehnsucht, endlich wahr, du bist nah bei mir.	Wir ruhen uns aus und wiegen uns leicht zur Musik.
Ich umarm die Welt, ach, ist das schön. *Es ist schön, so wunderschön.* Ich umarm die Welt, wirst mit mir gehn. *Denn du wirst, wirst mit mir gehn.* Ich umarm die Welt, sie gehört mir. *Ja, die Welt, die Welt ist mein.* Ich umarm die Welt, denn du bist hier.	Wir machen die Arme ausladend auf und zu. Wir wiegen uns dabei links und rechts zur Seite.
Dein Blick voller Zärtlichkeit wärmt mein schwaches Herz. Musik klingt in Dur, nicht Moll, und es ist kein Scherz.	Wir ruhen uns aus und wiegen uns leicht zur Musik.
Ich umarm die Welt, tanze ins Glück. *Ja, ich tanz, ich tanz ins Glück.* Ich umarm die Welt, das ist verrückt. *Was ist los, bin ich verrückt?* Ich umarm die Welt, was für ein Tag. *Diesen Tag, der voller Glück.* Ich umarm die Welt, weil ich dich mag.	Wir machen die Arme ausladend auf und zu. Wir wiegen uns dabei links und rechts zur Seite.
Deine Nähe tut mit gut, gibt mir Kraft und Ruh. Ich genieße unsre Zeit, hör dir gerne zu.	Wir ruhen uns aus und wiegen uns leicht zur Musik.
Ich umarm die Welt, denn du bist mein. *Du bist endlich, endlich mein.* Ich umarm die Welt, bin gerne dein.	

Ich umarm die Welt

Text und Musik: Ralf Gabriel, **Gesang:** Ralf Gabriel, Carola Maria

Walzer: 180

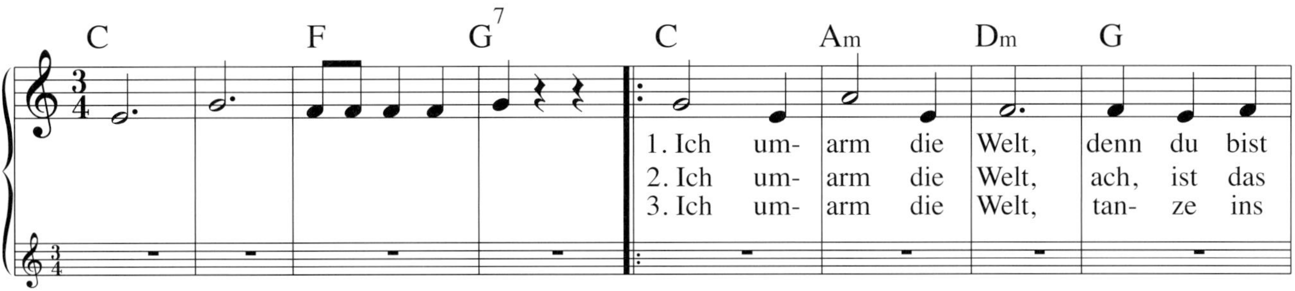

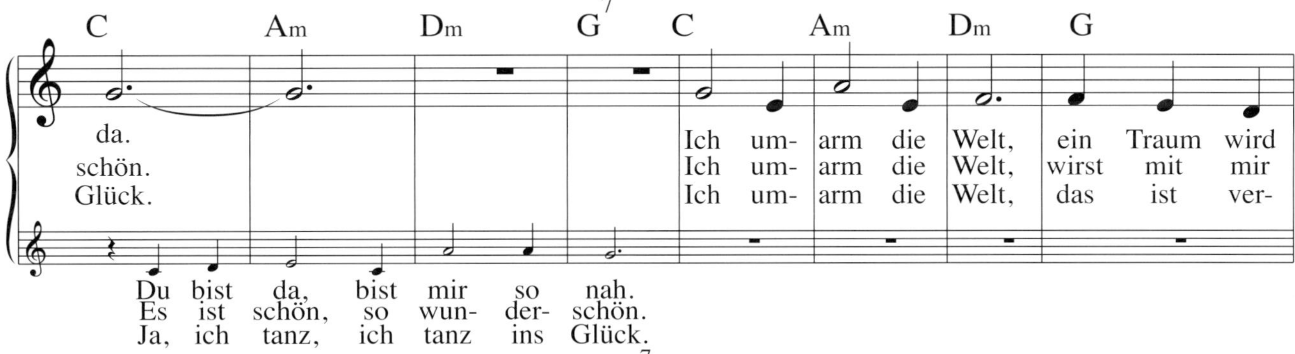

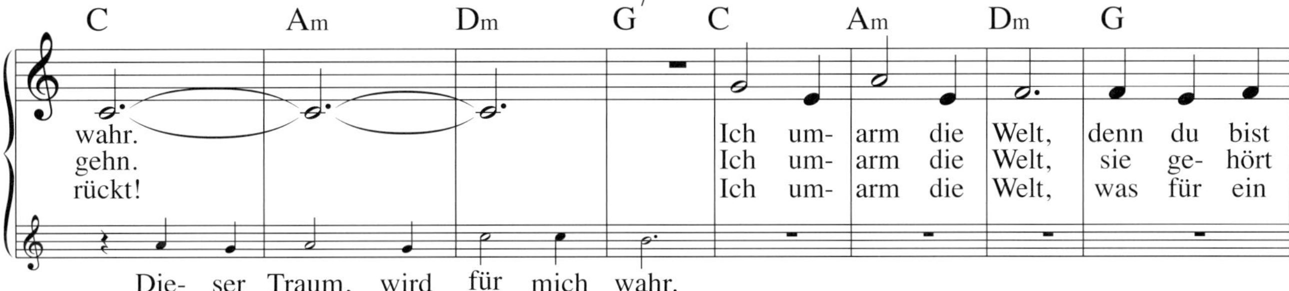

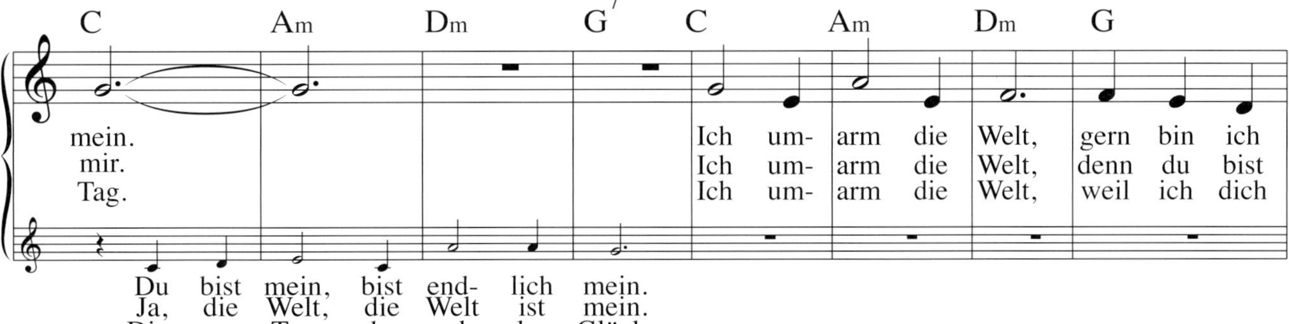

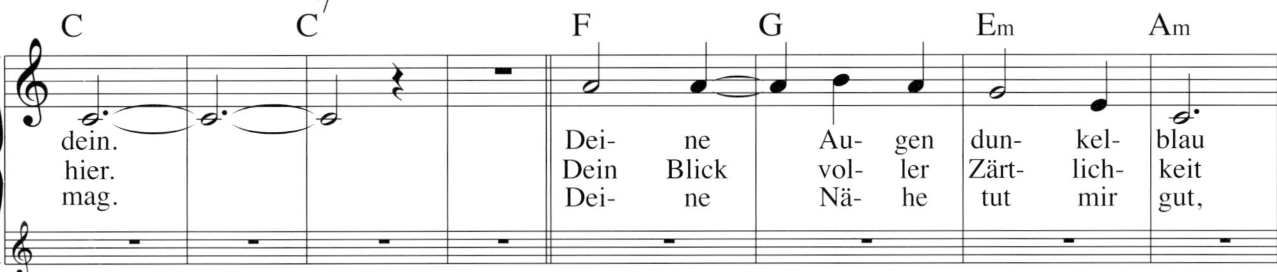

© Verlag an der Ruhr | Autor: Ralf Glück | www.verlagruhr.de
Kreis-Schmuck: © Jan Engel – stock.adobe.com

Ich umarm die Welt

Walzer: 180

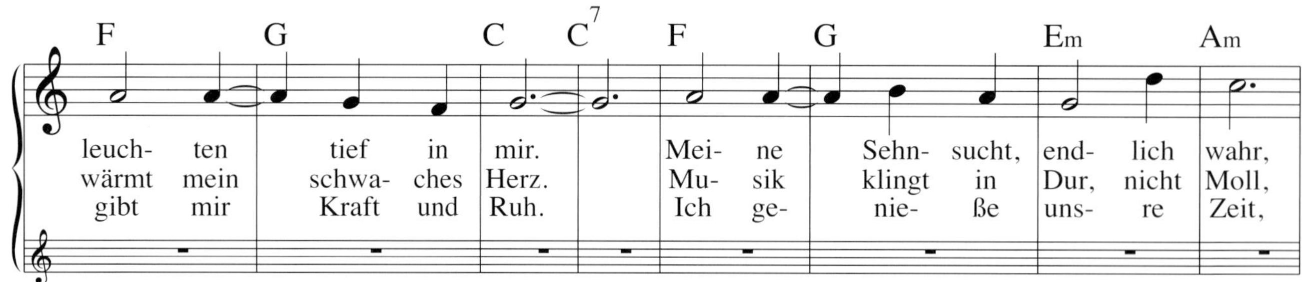

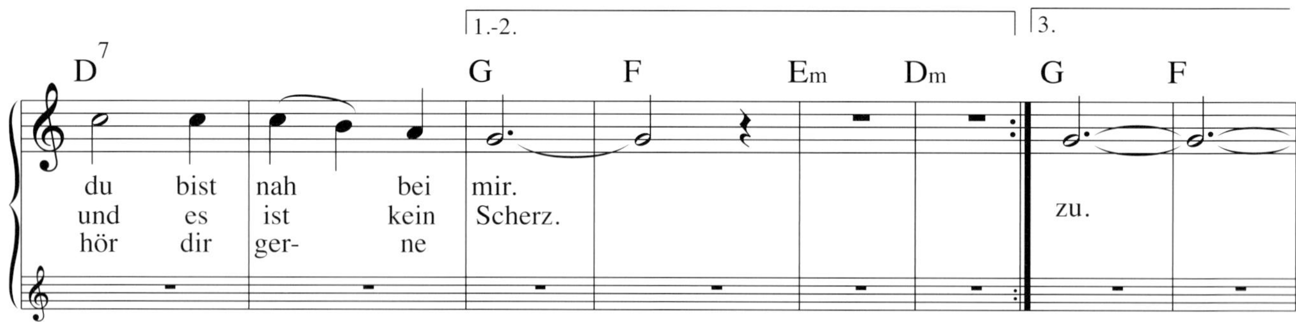

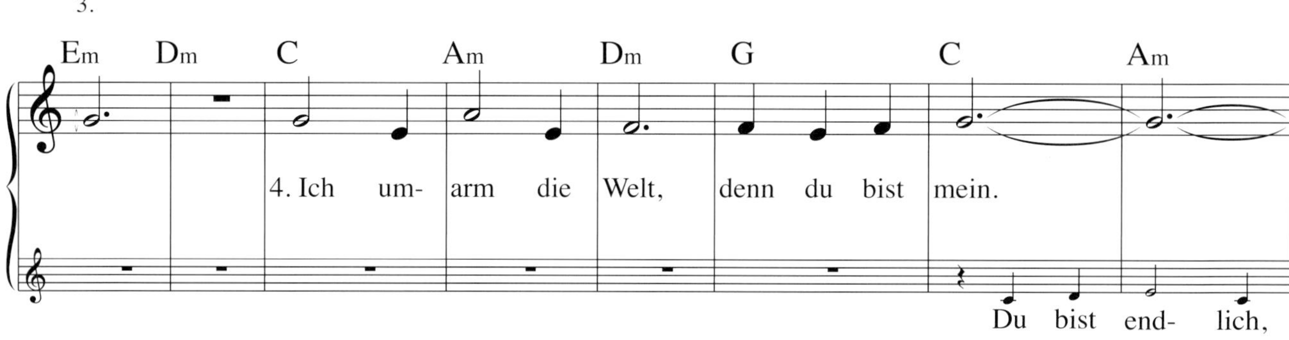

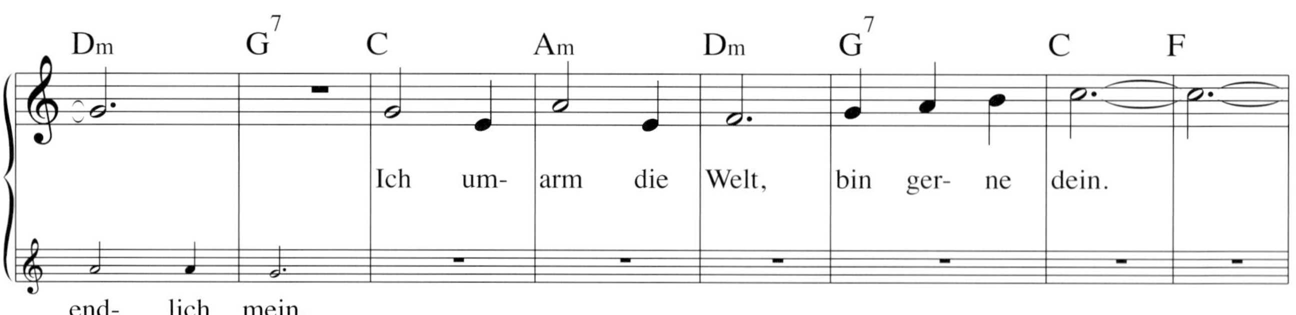

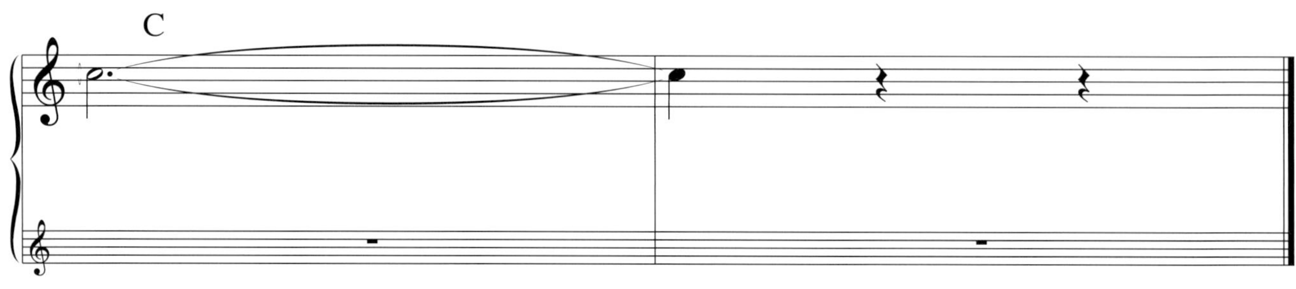

© Verlag an der Ruhr | Autor: Ralf Glück | www.verlagruhr.de
Kreis-Schmuck: © Jan Engel – stock.adobe.com

Liedtext zu „Ich umarm die Welt“

Ich umarm die Welt, denn du bist da.
Du bist da, bist mir so nah.
Ich umarm die Welt, ein Traum wird wahr.
Dieser Traum wird für mich wahr.
Ich umarm die Welt, denn du bist mein.
Du bist mein, bist endlich mein.
Ich umarm die Welt, gern bin ich dein.

Deine Augen dunkelblau leuchten tief in mir.
Meine Sehnsucht, endlich wahr, du bist nah bei mir.

Ich umarm die Welt, ach, ist das schön.
Es ist schön, so wunderschön.
Ich umarm die Welt, wirst mit mir gehn.
Denn du wirst, wirst mit mir gehn.
Ich umarm die Welt, sie gehört mir.
Ja, die Welt, die Welt ist mein.
Ich umarm die Welt, denn du bist hier.

Dein Blick voller Zärtlichkeit wärmt mein schwaches Herz.
Musik klingt in Dur, nicht Moll, und es ist kein Scherz.

Ich umarm die Welt, tanze ins Glück.
Ja, ich tanz, ich tanz ins Glück.
Ich umarm die Welt, das ist verrückt.
Was ist los, bin ich verrückt?
Ich umarm die Welt, was für ein Tag.
Diesen Tag, der voller Glück.
Ich umarm die Welt, weil ich dich mag.

Deine Nähe tut mir gut, gibt mir Kraft und Ruh.
Ich genieße unsre Zeit, hör dir gerne zu.

Ich umarm die Welt, denn du bist mein.
Du bist endlich, endlich mein.
Ich umarm die Welt, bin gerne dein.

© Verlag an der Ruhr | Autor: Ralf Glück
Kreis-Schmuck: © Jan Engel – stock.adobe.com | www.verlagruhr.de

Über den Autor

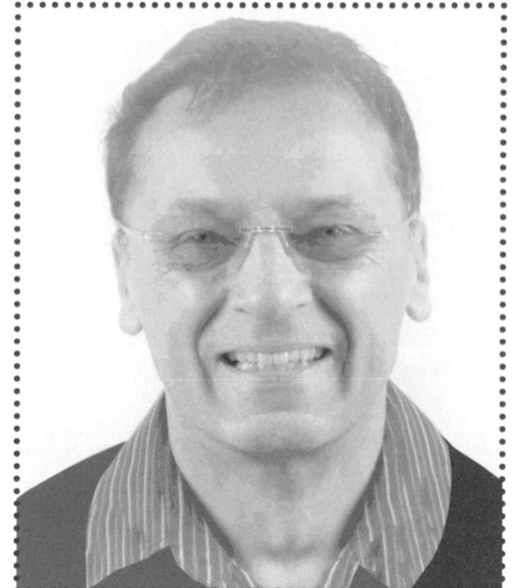

Gerne stelle ich mich hier kurz vor.

Mein Name ist Ralf Glück. Ich wurde 1959 im Chiemgau geboren. Schon als Kind hatte ich regelmäßigen Kontakt zu Menschen mit Behinderung, da meine Mutter ein eigenes privates Kinderheim für Menschen mit geistigen Einschränkungen betrieben hat.

Musik stellte für mich bereits im Kindergarten eine wichtige Ausdrucksmöglichkeit dar. Die Instrumente Melodica, Akkordeon, Schlagzeug und Klavier übte ich allerdings nicht immer gerne und manchmal auch nur unter Mutters „Druck". Mit 15 Jahren gründete ich meine erste eigene Band. Von da an ließ mich die Musik nicht mehr los.

Meine Lehre zum Musikalienhändler stellte die logische Schlussfolgerung für meine berufliche Kariere dar. Als Filialleiter und Geschäftsführer diverser Musikhäuser konnte ich neben der Musik meine kaufmännischen Fähigkeiten vertiefen und arbeitete in der Folge als freischaffender Musiker, Künstler, Komponist, Texter und Musiklehrer.

Nach einer 3-jährigen Ausbildung zum Lebens- und Sozialberater im Institut für Logotherapie und Existenzanalyse in Salzburg übernahm ich 2001 in Oberbayern die soziale Leitung in einem Altenheim mit 130 hochaltrigen Bewohner*innen. Meine persönlichen therapeutischen Schwerpunkte dort waren die Gestaltung von musikalischen Singstunden und die Durchführung von regelmäßigen Bewegungs- und sturzpräventiven Einheiten.

Im Jahre 2016 schloss ich noch eine Weiterbildung zum Qualitätskoordinator an und machte mich 2017 mit der GlücksMedienProduktion selbstständig. Heute bin ich als Seminarleiter für Einrichtungen der Seniorenhilfe, für Krankenhäuser und diverse Bildungsträger tätig.

Wie Sie sehen, lag und liegt mir die Musik zeitlebens am Herzen. Schon während meiner Zeit in Oberbayern entstand – in Zusammenarbeit mit Dipl.-Fachsportlehrer (TU) Stefan Wels – die Idee zur Glücks Bewegungsmusik, in deren Folge mehrere thematisch orientierte CDs entwickelt wurden – wie die, die Sie gerade in Händen halten. Weitere Infos finden Sie unter www.gluecksmedien.de

Bitte denken Sie stets daran, dass das Dabeisein und die Freude an der Bewegung für Ihre Bewohner*innen das Wichtigste sein soll. Die Musik soll Sie in Ihrer wichtigen täglichen Arbeit unterstützen und Ihnen als Bewegungsmotor dienen. Dabei wünsche ich Ihnen viel, viel Freude und gutes Gelingen.

Ihr Ralf Glück mit Team